창작자를 위한 픽사 스토리텔링

창작자를 위한 픽사 스토리텔링

아이디어부터 결말까지, 픽사로 배우는 완벽한 스토리 만드는 법

초판 1쇄 펴낸날 2024년 4월 10일
초판 3쇄 펴낸날 2024년 7월 5일

지은이 딘 모브쇼비츠
옮긴이 김경영
펴낸이 이건복
펴낸곳 도서출판 동녘

책임편집 홍주은
편집 이정신 이지원 김혜윤
디자인 김태호
마케팅 임세현
관리 서숙희 이주원

등록 제311-1980-01호 1980년 3월 25일
주소 (10881) 경기도 파주시 회동길 77-26
전화 영업 031-955-3000 편집 031-955-3005 전송 031-955-3009
홈페이지 www.dongnyok.com **전자우편** editor@dongnyok.com
페이스북·인스타그램 @dongnyokpub
인쇄 새한문화사 **라미네이팅** 북웨어 **종이** 한서지업사

ISBN 978-89-7297-125-2 (04680)
ISBN 978-89-7297-124-5 (세트)

- 잘못 만들어진 책은 구입처에서 바꿔 드립니다.
- 책값은 뒤표지에 쓰여 있습니다.

창작자를 위한
픽사 스토리텔링

딘 모브쇼비츠 지음 김경영 옮김

PIXAR
STORYTELLING

아이디어부터 결말까지,
픽사로 배우는 완벽한 스토리 만드는 법

동녘

일러두기

1. 본문의 고딕체는 지은이가 강조한 부분이다.
2. 숫자로 표시된 주는 지은이의 주이며, 별표(*)로 표시된 주는 옮긴이의 주이다.
3. 본문에 언급된 책은 겹화살괄호(《 》)를, 영화, 희극, TV 프로그램, 노래는 홑화살 괄호(〈 〉)를 사용해 표기했다.

2억 달러(한화 약 2677억 원)가 생긴다면 여러분은 무엇을 하겠는가? 대저택을 짓거나 세계여행을 하거나 기아들을 위해 기부를 하거나 달로 가는 왕복 우주선을 예약할 수도 있겠다. 그런데 편지 한 통을 써보는 건 어떨까? 세상의 모든 어린이와 어른 앞으로 여러분 안에는 깊은 슬픔을 이겨낼 힘이 있다고 응원하는 아름다운 편지를 보내는 것이다. 그리고 실패는 부끄러운 일이 아니며 어쩌면 행복으로 가는 길을 다져줄 것이라고, 또한 거절당하는 경험은 너무나도 큰 고통이지만 그 고통을 극복하는 유일한 방법은 받아들이는 것뿐이라고 속삭여주자. 여러분이 떠나보낸 사랑하는 사람은 그 사람을 기억하는 한 각자의 내면에 살아 있을 것이라고도 말해주자.

이것이 본질적으로 픽사가 하는 일이다. 픽사는 사람들을 즐겁게 해주면서 (동시에 이익을 내고) 우리를 더 나은 사람으로 만들어주는 2억 달러짜리 편지를 쓴다.

이는 이야기가 해야 하는 일이기도 하다. 이야기는 수 세대에 걸쳐 만들어지고 현재에 맞게 다듬어진 지혜를 우리에게 널리 전해 더 나은 사회를 만들 수 있게 한다. 또한 이야기는 불가피하게 그다지 명예롭지 못한 목표를 위해 이용되기도 한다. 필요하지 않은 물건을 사게 만들고, 인간성을 말살시키며, 두려움에 불을 지피고, 선거의 당락을 좌우한다.

스토리텔링 능력은 그 어느 때보다 중요해졌다. 우리가 어떤 식으로 조종당하고 있는지, 우리에게 어떤 감정이 유발되고 있으며 그 이유는 무엇인지 알아차리기 위해서는 꼭 필요한 능력이다. 냉소적인 태도로 그것을 공부할 수도 있다. 하지만 나라면 픽사의 마음 따뜻한 전문가들이 2억 달러를 들여 쓴 아름답고 설득력 있고 용기를 북돋는 편지에서 사용한 전략을 배워보려 애쓸 것이다.

픽사 영화는 빌런에게 거의 기대지 않는데, 이는 내가 픽사 영화에서 가장 좋아하는 점 중 하나다. 아예 빌런이 등장하지 않는 작품도 있다. 등장한다고 해도 늘 그들에게 인간성을 부여하거나 주인공들과의 관계를 중심으로 이야기를 풀어간다. 픽사는 좋은 편과 나쁜 편이 확실히 나뉘는 이야기 대신 누구나 공감할 수 있는 주인공들의 인간적인 약점, 그들의 근원적인 감정과 욕구, 그리고 아픔과 치유에 더 집중한다. 그렇게 상실과 희생, 성장과 의미를 엮어 픽사식으로 관객을 울린다.

나는 픽사의 최근 영화를 소개하고, 책에 적은 몇몇 아이디어를 가다듬고, 일부 자료를 새롭게 정리하는 방식으로 책 원고를 손봤다. 부디 독자 여러분이 이 책을 더 유용하고 알차게 쓸 수 있었으면 한다. 여러분도 픽사처럼 스토리텔링의 힘을 오래오래 활용하길 바란다.

2024년 4월
딘 모브쇼비츠

픽사는 뚜렷한 색깔의 영화로 관객, 비평가, 창작자 들에게 널리 사랑받는 애니메이션 스튜디오다. 픽사가 성공을 거둔 가장 큰 이유 중 하나는 픽사가 자랑하는 스토리텔링 기법이다. 픽사의 영화들은 다채로운 상상의 세계와 화려한 영상, 독창적인 플롯으로도 잘 알려져 있지만, 관객에게 깊은 감동을 안기는 뛰어난 스토리텔링 능력으로 선보이는 영화마다 우리를 깜짝 놀라게 하고, 어른들마저도 아이들 옆에 앉아 눈물을 글썽이게 만든다. 픽사는 대단히 설득력 있고 지극히 감동적인 방식으로 이야기를 선택하고 발전시킨다. 또 새롭게 내놓는 영화마다 완전히 다른 세계로 우리를 데려가지만, 픽사의 스토리텔링 방식은 예나 지금이나 일관적이다.

이 책에서는 픽사의 일관된 스토리텔링 기법을 살펴볼 예정이다. 픽사의 영화를 깊이 들여다보면 반복되는 일정한 패턴이 보인다. 어떤 패턴은 초보 작가의 눈에도 훤히 보일 정도로 널리 쓰이는 스토리텔링 기법인데, 이를 훌륭하게 구현한 픽사의 작품은 이 기법의 좋은 참고 자료가 될 것이다. 이보다 더 독특한 몇몇 패턴은 픽사가 거둔 성공의 비밀을 보여줄 수 있을 것이다. 이 책은 픽사의 영화를 엄청난 흥행으로 이끄는 스토리텔링 기법과 패턴을 살펴보고 그 정체를 밝혀보려고 한다.

한 가지 일러둘 점은 이 책이 픽사의 스토리텔링 기법만을 다룬다는 것이다. 큰 성공과 영감, 감동을 불러오는 다른 수많은 스토리텔링 기법은 언급하지 않을 것이다. 픽사는 만드는 영화마다 많은 위험을 감수하고 엄청난 진심과 진정성을 쏟아부으며 관객에게 사랑받는 고예산 가족 영화를 만든다. 이 책에서는 그런 영화들만을 중점적으로 다룰 것이다. 그렇지만 책에 언급된 각 스토리텔링 패턴은 단편이든 장편이든, 실사 영화든 애니메이션이든, 할리우드를 겨냥하든 선댄스나 칸 영화제를 겨냥하든 모든 이야기에 유용하게 쓰이리라 확신한다.

차례

한국의 독자들에게 **5**
프롤로그 **8**

1장 아이디어 선택하기 **15**

• 아이디어의 금광맥 찾기: 잠재력 있는 아이디어 고르기 **17**
• 편안한 일상에서 벗어나기: 불편할수록 스토리가 된다 **18**
• 기존의 결점: 캐릭터와 세계의 대결은 모험의 소재가 된다 **22**
• 유기성: 스토리의 모든 순간을 핵심 아이디어와 연결하는 비결 **24**
✎ 요약 / 적용 / 실전 연습 **32**

2장 설득력 있는 캐릭터 구축하기 **37**

• 흥미로운 캐릭터는 진심으로 애정을 쏟는다 **39**
• 확고한 애정은 확고한 신념에서 나온다 **42**
• 최고의 신념은 (고통스러운) 경험에서 나온다 **44**
✎ 요약 / 적용 / 실전 연습 **49**

3장 공감 불러일으키기 **53**

• 애정의 3단계 **55**
• 공감 **57**
• 욕구와 동기 **61**
• "못 고치는 병이면 슬퍼할 필요도 없다고 했소" **63**
• 내면의 여정 **67**
✎ 요약 / 적용 / 실전 연습 **69**

4장 드라마와 갈등 73

- 죽고 사는 문제 이상의 스토리 **75**
- 감정적 갈등을 만들고 풀어내기 **79**
- 죽음 < 천벌 **81**
- 위험을 생생하고 과장되게 묘사하기 **85**
- 성장의 기회: 캐릭터의 감정을 드러내고 변화시키기 **87**
- 요약 / 적용 / 실전연습 **93**

5장 빌런 99

- 적대 세력에 대한 이야기 **101**
- '사악한' 적대자 대 '골칫거리' 적대자 **101**
- '이로운' 적대자 **104**
- 주인공을 비추는 거울로서의 적대자 **107**
- 요약 / 적용 / 실전연습 **109**

6장 캐릭터 설계하기 113

- 기계 장치처럼 효율적인 스토리 **115**
- 플롯 기능을 하는 캐릭터 **117**
- 진실되게 써라 **119**
- 개성이 뚜렷한 캐릭터 설계하기 **121**
- 요약 / 적용 / 실전연습 **123**

7장 세계관 형성하기 127

· 구성 원리 129
· 규칙, 이름표, 의식 132
· 세계 탐구하기 대 플롯 구상하기 135
· 기대를 뒤집어라 137
· 창의성을 위한 제약: 캔버스를 한곳에 집중시켜라 140
✏ 요약/적용/실전 연습 142

8장 픽사의 구조 147

· 구조에 대한 이야기 149
· 주요 사건: 사건의 내용, 과정, 이유 154
· 다층의 스토리텔링 케이크 158
· 유대를 맺는 스토리 160
· 더블 클라이맥스 162
· 구조를 남용하지 말라 165
✏ 요약/적용/실전 연습 167

9장 결말 173

· 우연 대 캐릭터 175
· 변화의 간략한 5단계 178
· 배신과 희생 182
· 해결: 새롭고 건강한 세계 보여주기 188
· 처음으로 돌아가기: 잊고 있던 질문에 답하기 190
✏ 요약/적용/실전 연습 192

10장 주제 197

· 주제란 무엇인가? **199**
· 주제 정하기 1단계: 스토리의 핵심 찾아내기 **200**
· 주제 정하기 2단계: 스토리 전체에 주제 녹여내기 **201**
· 주제 정하기 3단계: 결과를 통해 주제 드러내기 **206**
✎ 요약/적용/실전 연습 **212**

에필로그: 시작하는 예술가들에게 **216**
감사의 말 **223**
영화 목록 **225**

"이 거대한 나무를 키우는 모든 건
이미 이 작은 씨앗 속에 들어 있어.
약간의 시간과 햇빛, 그리고 비만
내려주면 되는 거야."

— 〈벅스 라이프〉, 플릭

아이디어
선택하기

아이디어의 금광맥 찾기:
잠재력 있는 아이디어 고르기

이야기의 아이디어를 고르는 일은 어디에 금광을 만들지 결정하는 일과 약간 비슷하다. 어떤 곳에서는 금덩어리 몇 개가 나올 테고, 또 어떤 곳에서는 금이 묻힌 광맥을 찾게 될 것이다. 두 출발점 모두 좋은 이야기의 원천이 될 수 있다. 금덩어리 역시 금이니까. 하지만 '주요 광맥', 즉 수많은 단계의 극적 사건과 서사를 만들어내는 공감되는 아이디어는 발전시키기도 관객에게 이해시키기도 더 쉽게 마련이다.

픽사의 큰 성공 비결 중 하나는 금광맥, 즉 강렬하고 매력적인 아이디어를 알아보고 발전시키는 능력이다. 이런 아이디어는 대개 극심한 잠재적 갈등을 내포하며, 담고 있는 감정의 무게 역시 상당하다. 또한 다채롭고 이국적인 세계(몬스터든 장난감이든 슈퍼히어로든)를 생생하게 그려냄으로써 상상력 가득한 세트 피스,* 풍성한 시각

---

  * 세트 피스set piece. 영화에서 대단히 결정적이거나 기억에 남는 사건이 일어나는 장면이나 시퀀스.

적 요소, 독창적인 장면을 다양하게 만들어낸다. 무엇보다 이런 아이디어는 등장인물의 신체나 정서를 위협하는 요소를 많이 내포하고 있는 까닭에 즉시 우리를 매혹하고 몰입시킨다.

모든 아이디어가 '태생적으로' 이런 요소들을 갖추고 있지는 않다. 그보다는 갈등과 감정적 위험을 극대화할 수 있는 아이디어를 열심히 만들어내야 하는 경우가 더 많다. 이런 아이디어 개발 작업의 첫 단계는 주인공의 삶을 극도로 힘들게 만드는 방법을 찾는 것이다.

 ## 편안한 일상에서 벗어나기:
불편할수록 스토리가 된다

좋은 이야기는 대부분 익숙한 일상에서 벗어나 고군분투하는 등장인물을 가운데 놓고 펼쳐진다. 픽사는 어김없이 주인공이 제일 간절하게 원하는 것을 알아낸 뒤 주인공을 정반대의 상황으로 내몬다. 이 불편한 상태가 작가들에게는 금광맥인 셈이다.

서사의 차원에서 보자면 불편한 상태는 장면을 만들

어낸다. 작가들에게 이 상태는 곧장 이야기의 소재가 된다. 하수구에서 요리하고 싶어 하는 쥐에 대한 이야기를 쓰면 귀엽고 독창적일 수는 있지만, 흥미롭거나 인상적이지는 않을지 모른다. 하지만 일류 레스토랑에서 요리하고 싶어 하는 쥐에 대한 이야기를 쓴다면 곧바로 서사에 대한 질문이 떠오른다. 쥐가 어떻게 레스토랑에 들어가지? 어떻게 매일 요리를 하지? 누군가에게 발각되면 어떻게 될까? 쥐가 만든 음식이 맛있으면 어떤 일이 벌어질까? 이 모든 질문을 탐구하고 답을 찾아가는 과정에서 스토리의 줄기가 만들어진다. 이를 위해서는 등장인물을 되도록 힘든 상황으로 내몰기만 하면 된다.

더 깊은 차원에서 보자면 아이디어는 등장인물을 감정적으로 변화시키는 여정으로 이끌어야 한다. 본의 아니게 불편한 상황에 처한 등장인물은 별수 없이 열심히 노력해서 편안한 상태로 돌아가고자 한다. 우리의 삶도 그렇지 않은가. 이런 욕망은 다양한 행동과 결정, 감정을 불러일으키고, 이런 요소들이 이야기 속 내적 서사의 핵심이다. '장난감은 실제로 살아 있다'는 〈토이 스토리〉의 콘셉트는 듣는 즉시 수많은 이야기와 풍요로운 모험의 세계를 떠올리게 하는 흥미로운 아이디어다. 그리고 이

콘셉트는 '주인에게 가장 사랑받던 장난감이 더 새롭고 반짝이는 장난감에게 자리를 내준다'는 이야기로 발전하면서 보는 사람의 마음을 움직인다.

〈토이 스토리〉에서 주인 앤디의 생일 선물로 새로 들어온 장난감 버즈 라이트이어는 카우보이 인형 우디에게 소중하고 또 당연했던, 앤디의 '최애' 장난감이라는 위치를 완전히 뒤엎는다. 우디는 이 상황에 맞서면서 결국 위험천만한 모험을 시작하게 되고 극도로 불편한 상황에 처한다. 앤디와 헤어져 장난감을 학대하는 취미를 가진 이웃집 아이 시드의 방에 갇히고 만 것이다. 버즈의 인기는 그간 앤디의 장난감들 사이에서 대장 역할을 해왔던 우디에게 일어날 수 있는 최악의 상황이다. 오해로 인해 자신을 멀리하는 다른 장난감 친구들과 멀어지지 않으려는 우디의 노력, 자신과 버즈를 주유소에 버려두고 앤디가 탄 차가 멀어질 때 느끼는 우디의 두려움은 모두 극심한 정신적 고통이다. 그리고 우디의 두려움은 학대 끝에 기형적 모습이 된 시드의 장난감들로 형상화된다. 하지만 버즈가 들어오면서 우디가 겪는 불편에서 비롯된 이런 모험들은 우디가 수많은 감정적 진실과 맞닥뜨리는 계기가 되기도 한다. 우디는 앤디의 사랑이 결코 당연하지 않으며, 언젠가 앤디가 자신에게 싫증이 날 수도 있음을 깨닫는다. 영화 끝 무렵, 다시 돌아온 앤디의 생일에 다른 장난감들은 다시 초조해하지만 우디는 이전보다 침착한 모습이다. 우디는 버즈를 돌아보며 이렇게 말한다. "너보다 더 끔찍한 선물이야 있겠어?" 우디는 버즈와 함께 시련을 겪은 뒤에 앤디의 삶에서 자신이 하는 역할을 더 자연스럽게 받아들이고 더 큰 확신을 갖게 된다(선물로 강아지가 들어왔다는 이야기에 우디와 버즈 둘 다 깜짝 놀라긴 하지만 말이다).

등장인물을 행동하게 하는 이런 불편은 단순히 불운이나 최악의 상황에 그쳐서는 안 된다. 익숙하지 않은 불편함은 주인공이 그것에 맞서 싸우게 하고, 또 좋은 이야기에서는 성장과 변화의 계기가 된다. 불편이 언제나 부정적 사건에서 비롯되는 건 아니다. 〈월-E〉에서 지구에 홀로 남은 청소 로봇 월-E의 평화로운 일상은 이브라는 로봇이 찾아오면서 흔들린다. 더 이상 혼자가 아니라서 좋지만, 월-E는 이제 이브의 마음을 얻을 방법을 찾아야 한다. 그렇지 않으면 자신의 꿈을 이룰 기회, 어쩌면 마지막이 될지도 모를 기회를 놓칠 수도 있다. 실패하면 월-E의 삶은 이전보다 더 힘들어질 것이다. 이브가 오면서 월-E의 삶은 확실히 더 힘들고 불편해진다.

등장인물의 마음을 완전히 뒤흔들기 위해서는 약점이나 두려움을 만들어서 활용해야 한다. 그래서 픽사는 각 주인공의 세계에 원래 존재하던 문제를 만들어낸다.

기존의 결점:
캐릭터와 세계의 대결은 모험의 소재가 된다

우리는 대개 일하고 데이트하고 사람들과 어울리며 일상을 살아가는 동안, 우리를 힘들게 하는 문제를 외면하려는 경향이 있다. 이때 문제란 이해하기 힘든 관계일 수도 있고, 충분히 애도하지 못한 상실의 경험일 수도 있고, 인정하기 힘든 우리 자신의 어떤 모습일 수도 있다. 이 감정적인 균열이 우리를 인간답게 만드는 동시에 캐릭터에 설득력을 불어넣는다.

플롯이 시작되기 전부터 주인공의 삶이나 세계에 문제가 있으면 제일 좋다. 〈몬스터 주식회사〉에서 에너지 회사의 사장 워터누즈는 아이들이 예전만큼 겁을 먹지 않아 에너지가 부족하다고 투덜댄다. 〈니모를 찾아서〉에서 아버지 물고기 말린은 아들 니모에게 숨 막힐 정도로 집착하며 조금의 자유도 허용하지 않는다. 이러한 기존의 결점을 제일 선명하게 그려낸 작품은 바로 행성 전체가 노후한 〈월-E〉다. 어떤 결점은 위의 예시들보다 알아차리기 힘들다. 예를 들면 〈업〉에서 아내를 잃고 살아가는 주인공 칼의 슬픔과 공허, 〈메이의 새빨간 비밀〉에서 주변의 모든 사람, 특히 간섭과 통제가 심한 어머니를 만족시켜야 한다는 메이의 극심한 스트레스가 대표적이다. 메이의 경우는 기존의 결점이 지닌 또 다른 면을 보여주는 예이기도 한데, 즉 결점을 지닌 등장인물은 그런 결점이 존재한다는 사실조차 좀처럼 알아차리지 못한다. 우디나 메이에게 영화 초반에 무슨 일 있냐고 물었다면 둘 다 별일 없다고 장담했을 것이다.

　주인공의 세계에서 기존의 결점을 찾았다면 그 결점을 극단으로 치닫게 만드는 이야기를 만들어라. 극성스러운 아버지 말린은 아들을 잃어버린다. 상심에 빠진 칼은 아내 엘리와의 마지막 연결고리인 집을 잃을 위기에 처한다. 또 메이는 심한 스트레스를 받으면 어마어마하게 덩치가 크고 힘센 레서판다로 변한다. 뭐가 됐든 기존의 결점은 주인공을 위해 만들어낸 플롯과 확실한 관련이 있어야 한다. 결점과 플롯이 함께 긴밀히 작동하면 할수록 관객은 감정적으로 크게 영향받으며 이야기에 더 깊이 빠져들 것이다.

유기성:
스토리의 모든 순간을
핵심 아이디어와 연결하는 비결

픽사의 영화는 스토리의 핵심을 찾고 결코 그 핵심에서 벗어나지 않는다. 픽사는 정서적 핵심, 즉 결점과 그 결점을 극대화하는 플롯을 찾으면 모든 사건과 등장인물을 이 주요 서사와 긴밀히 연결시킨다.

〈라따뚜이〉를 자세히 살펴보자. 우리가 레미를 처음 만날 때 레미는 정체성의 혼란을 겪고 있다. 레미는 쥐이지만, 막무가내로 음식을 훔치고 쓰레기를 먹고 엄격한 규칙에 따라 무리 지어 사는 쥐의 생활방식을 좋아하지 않는다. 레미는 소위 인간의 생활, 즉 상상력을 발휘하고, 새로운 맛을 즐기고, 개성과 호기심을 경험하고 표현하며 살고 싶어 한다. 레미의 욕구는 실제 자신의 정체성과 완전히 상충한다.

이 영화의 작가들은 이것이 왜 문제인지 최선을 다해 보여준다. 우리는 레미의 호기심이 레미를 곤경에 빠뜨리는 모습을 지켜본다. 버섯 요리를 하다가 번개를 맞기도 하고 어느 노부인의 요리책을 몰래 훔쳐 읽다 총에 맞을 뻔한다. 레미의 아버지도 문제다. 아들의 꿈을 꾸짖고 비웃으며 쥐의 전통적인 생활방식을 따르라고 강요한다. 그는 쥐 세계에서의 거부를 상징한다. 노부인은 인간 세계에 들어가려는 노력이 얼마나 위험한지 보여주는 존재다. 그 사이 어디쯤 레미의 동생 에밀이 자리한다. 레미와는 대조되는 에밀의 모습 탓에 레미의 별난 특징이 두드러진다. 전설적인 요리사 구스토는 등장인물 중 유일하게 레미를 '이해하는' 것처럼 보이며 레미의 멘토이자 길잡이 역할을 한다.

영화 1막* 끝부분에서 레미가 음식을 훔치려다가 쥐 무리가 모두 발각되어 다른 곳으로 옮겨 가야 하는 상황

---

* 시나리오 3막 구조에 의하면 120분짜리 영화를 기준으로 1막은 기본 설정을 보여주는 처음 30분, 2막은 중심 사건이 전개되는 중간 60분, 3막은 클라이맥스를 지나 사건이 해결되는 끝 30분을 말한다.

이 되면서 레미는 무리에서 이탈하고 만다. 레미는 구스토의 요리책을 구명보트 삼아 타고 가다가 갈림길을 만난다. 맞다. 이곳은 하수도이고, 레미는 어느 길로 가야 가족을 찾을 수 있을지 도박을 해야 한다. 더 깊이 들여다보면 이 순간은 자기 속의 인간적인 면을 따를지 쥐다운 면을 따를지에 대한 레미의 결정을 보여준다. 이 사소하고 격렬하며 짧은 순간은 다시 한번 스토리의 핵심 아이디어와 연결된다. 바로 레미의 두 가지 정체성이다. 어쩌면 당연하게도 그 선택은 레미를 파리에 있는 구스토의 레스토랑으로 데려다준다.

〈라따뚜이〉의 핵심 질문은 '이 쥐는 고급 레스토랑의 요리사가 될 수 있을까?'이다. 영화의 1막에서 왜 그럴 수 있고 또 없는지 그 이유를 모두 보여주고, 2막에서는 수시로 그런 요소들을 증폭시킨다. 레미가 처음 주방에 들어가 사람들 눈에 띄거나 발에 밟히거나 불에 데거나 조리 중인 음식에 빠지지 않으려고 조심하면서 망친 수프를 수습하는 장면은 요리사가 되려는 레미가 처한 위험을 별 대사 없이도 완벽하고 긴장감 있게 보여준다. 한편 레미가 쥐 친구들에게 구스토 레스토랑의 음식을 훔치게 해줄 때 우리는 레미가 여전히 쥐 집단에 마음을 쓰고 있음을 확인한다. 레미는 자기 속의 두 가지 본성을 조화시키지 못한다.

'이 쥐는 고급 레스토랑의 요리사가 될 수 있을까?'에 대한 답은 영화 전체에 걸쳐 '맞아, 레미와 링귀니가 함께 요리하며 친구가 된 모습을 봐'와 '아니야, 아무리 재능이 뛰어나도 사람들이 레미를 끝내 받아주지 않아서 요리사로 절대 인정받을 수 없을 거야'의 사이에서 시계추처럼 흔들린다. 이것이 유기성이다. 이야기 속 모든 요소가 핵심 아이디어, 주된 갈등과 연결되어야 한다.

이러한 유기성은 조연하는 인물을 만들어내고 선택하는 과정에서도 중요하다. 〈라따뚜이〉 속 모든 조연은 레미의 갈등을 드러내는 역할을 한다. 링귀니는 구스토의 아들인 만큼 요리에 재능이 있을 것 같지만 무능하고 어딘가 어설프다. 요리를 할 줄 아는 쥐와 정반대의 이미지다. 그럼에도 (레미의 도움으로) 뜻밖에 훌륭한 요리를 내면서 기회를 얻는다. 아버지 구스토의 신념 덕분이다. 꼴레뜨는 주방에서는 구스토의 대변인 역할을, 링귀니에게는 멘토 역할을 한다. 둘 사이가 가까워지면서 링귀니는 레미를 외면하고 꼴레뜨와의 사랑을 선택한다. 인간에게 거부당하는 이 충격적인 순간 때문에 레미는 자신의 꿈을 거의 포기하기에 이른다.

이 장면은 우리를 〈라따뚜이〉속 다른 중요한 두 캐릭터에 집중하게 한다. 바로 영화 속에서 각각 '천사와 악마' 역할을 하는 구스토와 안톤 이고다. 영화의 시작에서 우리는 레미를 만나기도 전에 활기찬 주방장 구스토와 오만한 음식 평론가 안톤 이고를 먼저 소개받는다. 두 사람은 '누구나 요리할 수 있다'는 구스토의 철학을 두고 의견이 충돌한다. 이 프롤로그는 전체 스토리와 관련이 없어 보일 수도 있다. 이 부분은 레미의 모험과는 실제적인 관련이 없으며, 영화의 사건들은 이 이야기 없이도 분명하게 전달됐을 것이다. 하지만 이 프롤로그는 〈라따뚜이〉에서 핵심적인 부분이다. 영화의 핵심 주제와 실질적인 적대자antagonist인 안톤 이고라는 등장인물을 설정하기 때문이다. 주제를 드러내기 위해 마치 상극의 두 캐릭터가 누구나 요리를 할 수 있는지 아닌지 내기를 걸고 레미를 시범 사례로 쓴 것만 같다. 영화 전반에 걸쳐 (영혼으로 등장하는) 구스토는 레미의 귀에 원칙과 용기, 도움의 말을 끊임없이 속삭이는 반면, 이고는 자신의 권력을 이용해 스키너와 링귀니를 비롯한 다른 요리사들을 압박하고 조롱하고 난처하게 하며 위협한다. 이 두 캐릭터는 레미의 완전히 다른 두 가지 정체성을 상징한다.

구스토는 레미를 신뢰하며 레미가 요리사의 길을 걷도록 등을 떠민다. 결국 이고는 레미가 넘어야 하는 가장 큰 장애물이다. 레미가 요리로 이고에게 감동을 안기고 요리사로 인정받으면 문제는 해결된다. 영화 초반에서 레미가 가지고 있던 결점은 해소되고, 레미는 이 세계에 자리를 잡고 자신을 있는 그대로 받아들이게 될 것이다. 이런 아이디어 중 일부는 영화 속에서 직접적으로 언급되고, 일부 아이디어는 영화의 프롤로그에서처럼 간접적으로 암시된다.

이런 요소들은 이고가 레스토랑에 식사를 하러 오는 영화의 3막, 즉 후반부를 구성하기 위해 배치된다. 링귀니는 마침내 자신의 비밀(레미)을 요리사들에게 털어놓는다. 그 말을 들은 요리사들은 모두 링귀니를 떠나고, 레미만 주방에 남아 사람들이 몰리는 저녁 시간에 요리를 한다. 레미의 아버지는 링귀니가 레미에게 도움을 청하러 오는 모습을 보고 레미가 꿈을 좇기 위에 어떤 위험을 감수하고 있는지 이해하고 마음을 바꾼다. 레미의 아버지는 쥐 무리를 이끌고 레미에게 가고, 수백 마리의 쥐가 분주한 저녁 시간에 주방 일을 하는 강렬한 장면을 만들어낸다. 이 순간은 레미가 아버지, 쥐 세계와의 갈등을 해소하는 역할을 하고, 이후 레미는 쥐 세계에서 받아들여진다. 또한 이 순간은 쥐도 요리할 수 있다는 사실을 분명히 보여주는 장면이기도 하다. 꼴레뜨는 돌아와 그 상황을 받아들이고 처음으로 레미와 함께 일하며 레미-링귀니-꼴레뜨라는 삼각관계 속 긴장을 해소한다. 유일하게 해결되지 않은 서사 줄기는 이고다.

레미는 이고에게 선보일 요리를 소박한 음식인 라따뚜이로 결정하고 꼴레뜨와 함께 요리한다. 영화에서 가장 인상적인 순간 중 하나인 이 장면에서 레미가 만든 요리는 이고를 오만한 생각을 품기 전 순수했던 어린 시절로 돌아가게 만든다. 이고는 주방장과 꼭 이야기하고 싶다고 말한다. 링귀니와 꼴레뜨는 레스토랑 영업이 끝난 뒤 레미에게 마땅히 받아야 할 공을 돌리며 레미를 이고에게 소개한다. 이고는 레스토랑을 호평하는 글에서 이렇게 적는다.

"지금까지 나는 누구나 요리할 수 있다는 구스토 셰프의 유명한 철학을 공공연하게 비웃었다. 하지만 이제야 그 말의 진짜 의미를 알겠다. 누구나 위대한 예술가가 될 수는 없지만, 위대한 예술가는 어디에서든 나올 수 있다."

　이로써 내기의 결론이 났다. 구스토의 승리다. 누구나 요리할 수 있다. 구스토의 인정을 받고 아버지의 도움을 얻고 이해받은 뒤에야 비로소 레미는 자신의 두 가지 본성을 화해시킨다. 이 점은 영화의 마지막 순간에 분명히 드러나는데, 바로 레미가 이 이야기를 친구 쥐들에게 즐겁게 들려준 뒤 꼴레뜨의 호출을 받고 주방에 가서 새 레스토랑의 소유주이자 손님인 이고를 위해 요리하는 장면이다. 물론 메뉴는 이고가 요즘 제일 좋아하는 라따뚜이다.

- -

- 〈라따뚜이〉의 모든 순간은 영화의 핵심 아이디어에서 나왔다. 여러분이 쓰는 모든 이야기도 그래야 한다. 이 장을 시작할 때 말한 것처럼 일단 좋은 아이디어가 생기면 그 아이디어를 완전하고 흥미진진한 이야기로 키워내야 하는 씨앗처럼 다루자. 차근차근 키워서 중심부만 남도록 잘라내자. 이 핵심, 즉 씨앗에 속하지 않는 아이디어는 이야기에 넣지 말아야 하며 가차 없이 잘라내야 한다.

- 불편한 상태에 놓인 등장인물이 그토록 매력적인 이유는 우리 모두 편안한 상태이고 싶은 욕구가 있기 때문이다. 우리가 편안한 생활에서 멀어지면 우리의 정체성과 우리가 잃어버린 것을 이 새로운 상황과 화해시켜야 한다. 이런 욕망은 등장인물과 이야기에 필요한 장면과 갈등을 만들어낸다.

- 픽사의 등장인물들은 최선을 다해 잃어버린 것을 되찾는다. 그들이 새로운 상황에 대처하고 싸우고 성장하는 모습 덕분에 픽사의 영화가 그토록 감동적이고 재미있는 것이다. 망망대해를 가로질러 아들의 독립을 수용하는 법을 배우는 걱정 많은 아버지 물고기(〈니모를 찾아서〉)부터 은퇴 후 누구보다 평범한 삶을 살게 된 슈퍼히어로(〈인크레더블〉), 슬픔에 잠겨 은둔 생활을 하다 천진난만한 어린아이를 떠맡게 된 노년의 남성(〈업〉), 그리고 전혀 무섭지 않은 야심가 몬스터(〈몬스터 대학교〉)까지 픽사는 등장인물을 최악의 상황에 놓는 일을 기막히게 잘한다.

확실히 〈인사이드 아웃〉에는 아이디어의 '주요 광맥'이 있다. 영화의 배경을 한 인물의 머릿속으로 정하면서 독특한 등장인물과 세트 피스를 다양하게 만들어낸다. 이는 지극히 독창적이며 대단히 매력적인 아이디어다. 자신이 어떤 행동을 하는 이유가 뭔지 궁금하지 않은 사람이 누가 있겠는가? 등장인물을 감정적으로 위협할 요소도 내재되어 있다. 이 세계는 한 사람의 생각과 마음이며 그 세계가 붕괴하면 그 사람, 영화에서는 열한 살 여자아이 라일리가 무너진다.

영화의 주인공인 기쁨이는 두 가지 측면에서 불편을 겪기 시작한다. 우선 (감정들이 관리하는 머릿속의 주인인) 라일리는 샌프란시스코로 이사를 오면서 점차 기뻐할 일이 줄어든다. 라일리를 계속 행복하게 만들어야 한다는 강박을 가진 기쁨이는 자신이 가진 능력을 총동원해 라일리를 즐겁게 해주려고 용을 써보지만 소용없다. 설상가상으로 슬픔이가 본부에서 더 주도적인 역할을 맡으며 라일리를 슬프게 만든다. 슬픔이는 기쁨이가 품고 있는 평생의 사명을 직접적으로 방해하는 존재다. 이 와중에 버럭이는 기쁨이에게 대놓고 말한다. "기쁨아, 미안하지만 라일리는 지금 행복할 이유가 없어." 기쁨이는 처음으로 자신의 존재가 필요하지 않으며 자신이 품은 삶의 철학이 잘못됐다는 기분을 느꼈을 것이다. 이는 분명 불편함이다. 하지만 기쁨이(와 슬픔이)가 겪는 또 한 가지 불편에 비할 바는 아니다. 위험하고 낯선 본부 밖으로 떨어지면서 그들은 엄청난 어려움을 마주하게 된다.

불편은 라일리에게도 찾아온다. 라일리는 부모님과 함께

새로운 도시로 이사를 오고, 본부에서 기쁨이가 사라지면서 행복을 느낄 수 없는 상태. 사실상 라일리 머릿속의 성격섬들이 무너지는 상황은 불편함이 등장인물에게 어떤 역할을 하는지 보여주는 적절한 비유다. 여러분이 쓴 이야기는 등장인물의 핵심적 특징을 구성하는 성격섬들을 파괴하는 위협이 되어야 하며, 동시에 그 섬들을 보호하거나 새로운 섬을 만들어내야 한다.

기존의 결점은 〈인사이드 아웃〉의 초반에 암시된다. 본부에는 한 가지 문제가 있다. 본부의 감정들 누구도 핵심 감정 중 하나인 슬픔이의 역할을 모른다는 사실이다. 기쁨이는 라일리를 계속 행복한 상태로 만들려고 강박적으로 애쓰며 슬픔이를 무시하고 심지어 멀리 떨어뜨리려고 한다. 슬픔이 역시 라일리의 마음속에서 하는 역할이 있는데도 말이다. 기쁨이의 이런 생각은 영화 초반에 우리에게 털어놓는 속마음에서 분명히 드러난다. "나는 슬픔이가 무슨 일을 하는지 전혀 모르겠어." 그렇지만 기쁨이는 이 문제에 그다지 큰 의미를 두지 않는다. 하지만 우리는 그 대사를 들으면서 영화 뒷부분에서 슬픔이의 존재 이유가 밝혀지고 그것이 중요하리라는 사실을 어렴풋이 알아차린다.

- -

1. 여러분이 쓴 스토리의 핵심 아이디어는 무엇인가?

2. 그 아이디어는 어떤 수많은 극적인 순간을 만들어내는가?

3. 그 아이디어는 주인공에게 어떤 구체적이고 분명한 감정적 불편을 안기는가?

4. 이 불편은 등장인물의 감정에 영향을 주는 어떤 장면과 행동을 만드는가?

5. 여러분이 만든 가상의 세계 속 결점은 무엇인가?

6. 그 결점은 플롯과 어떻게 긴밀하게 연결되는가?

7. 결점과 플롯은 어떻게 서로를 강화하고 풍성하게 만들어주고 있는가?

8. 모든 등장인물과 서사적 결정, 장면, 주제는 어떻게 핵심 아이디어와 연결되는가?

9. 여러분은 이야기의 씨앗을 끊임없이 탐구하고 확장하며 스토리를 끌고 가고 있는가?

10. 핵심 아이디어에 속하지 않는 방향으로 스토리의 줄기를 뻗어간 부분이 있다면 어디인가?

"이런 가련하고 정신 나간 녀석 같으니."

— 〈토이 스토리〉, 버즈 라이트이어

2장

설득력 있는
캐릭터 구축하기

흥미로운 캐릭터는
진심으로 애정을 쏟는다

매력적인 아이디어가 떠올랐다면 그다음에는 주인공을 알아가는 시간이 필요하다. 강렬하고 개성 있는 등장인물은 흥행의 열쇠다. 어떤 이야기를 쓰든 스토리를 구성하는 사건들이 누군가에게 일어난다. 그리고 그 누군가는 흥미로워야 하며 무엇보다 자기와 자기 주변에서 일어나는 일에 관심을 기울여야 한다. 주인공이 관심을 기울이지 않는 일에 우리가 뭐하러 관심을 쏟겠는가?

픽사는 잊지 못할 캐릭터를 수없이 만들어냈다. 낙천적이며 건망증이 심한 물고기 도리(〈니모를 찾아서〉), 말없고 낭만적인 로봇 월-E(〈월-E〉), 오만한 평론가 안톤 이고(〈라따뚜이〉), 그리고 대단히 충성스러운 카우보이 장난감 우디(〈토이 스토리〉)까지.

이런 등장인물들은 왜 그토록 큰 울림을 줄까? 이들은 전부 세상에서 유일무이한 존재다. 픽사는 다양한 세계를 열심히 탐구하며 수많은 캐릭터를 만들어낸다. 각 캐릭터는 자기만의 고유한 특성을 보여주는 독특한 캐릭터 디자인을 입는다(특히 이고는 오만함의 화신처럼 보인다). 또 이 캐릭터들은 구체적이고 독특한 특징을 지닌다. 도리에게 건망증이 있다거나 월-E가 〈헬로 돌리〉라는 영화를 거의 집착 수준으로 좋아하는 것처럼 말이다. 이 독창적이고 구체적인 요소가 주인공들을 흥미롭게 만드는 열쇠다. 하지만 무엇보다 관객의 관심을 끌려면 주인공이 무언가에 대한 뜨거운 열정을 품도록 만들어야 한다. 주인공이 관심을 쏟아야 우리도 관심을 쏟는다.

우디는 앤디에게 집착에 가까운 애정을 품고 있다. 앤디는 우디의 삶의 중심이며, 우디는 자신이 앤디의 장난감이라는 사실에 큰 자부심을 느낀다. 우디가 주인에게 느끼는 이런 감정은 그가 〈토이 스토리〉 시리즈 전체에 걸쳐 경험하는 모든 갈등의 토대다. 그래서 〈토이 스토리〉에서 우디는 버즈에게 위협을 느낀다. 같은 이유로 〈토이 스토리 2〉에서는 박물관에서 얻게 될 명성을 포기하고 앤디에게 돌아간다. 이는 〈토이 스토리 3〉 후반부에서 우디가 앤디의 장난감으로 살기를 그만두는 합당한 선택을 하는 장면이 그토록 가슴 저리고 감동적인 이유이기도 하다. 우디는 앤디가 장난감을 이웃집 여자아이 보니에게 주도록 유도하는데, 이를 통해 장난감들이 자신들을 더 필요로 하는 새 주인을 즐겁게 해주는 삶에서 의미를 찾게 만든다. 〈토이 스토리 4〉에서 우디는 (보니가 자기와 노는 데 아무 관심을 보이지 않자) 상실감과 허무함을 느끼고 주인 곁을 떠나 자유롭게 살기로 결정한다.

〈토이 스토리〉 전 시리즈에 걸쳐 장난감은 주인의 즐거움을 위해 존재한다는 우디의 믿음은 계속해서 시험당한다. 당연해 보이지만, 계획된 이야기다. 장난감이 자기 주인에게, 또는 주인이 자기를 가지고 노는지 아닌지에 관심이 없다면 딱히 이야깃거리가 되지 않을 것이다. 앤디가 우디를 내던지고 버즈를 선택했어도 신경 쓰지 않고 행복하게 은퇴했을 것이다. 그래서 〈토이 스토리〉의 작가들은 장난감들이 주인과의 관계로 자신을 규정하도록 만들었다. 우디와 장난감 친구들뿐 아니라 카우걸 인형 제시와 곰 인형 랏소, 그리고 사실상 영화에 등장하는 다른 모든 장난감에게도 똑같이 적용된다. 우디는 심지어 이 생각을 새롭게 등장한 장난감 포키에게도 심어주고자 한다. 이처럼 강한 원동력 덕분에 장난감들이 그토록 흥미롭게 그려진다.

우디와 앤디의 관계, 그리고 앤디가 자기와 놀아주기를 바라는 우디의 욕구는 장난감의 역할에 대한 확고한 믿음에 뿌리를 두고 있다. 좋은 캐릭터는 애정을 쏟는다. 훌륭한 캐릭터들이 애정을 쏟는 이유는 확고한 신념을 품고 있기 때문이다.

확고한 애정은 확고한 신념에서 나온다

〈메리다와 마법의 숲〉에서 메리다의 어머니 엘리노어 왕비는 딸의 일에 사사건건 신경을 쓴다. 메리다의 옷, 취미, 예절, 발성, 무엇보다 다가올 약혼까지 일일이 참견한다. 엘리노어가 이처럼 매사 트집을 잡고 딸의 신경을 긁는 행동을 하는 데는 뿌리 깊은 이유가 있다. 엘리노어는 자신들의 왕국을 분열시킨 전쟁에 얽힌 유명한 전설을 이야기한다. 그는 메리다가 공주로서 가진 힘이 왕국의 평화를 지켜주는 열쇠라고 믿는다. 엘리노어는 누구나 자기에게 맡겨진 역할에서 벗어날 수 없으므로 그 역할을 잘 수행하기 위해 최대한 완벽하게 준비하는 것이 최선이라고 진심으로 생각한다. 그는 이렇게 말한다. "우리의 본분을 외면해서는 안 돼." 엘리노어가 메리다의 태도를 신경 쓰는 이유는 그 자신이 의무, 외교, 통치에 관한 확고한 신념을 가지고 있기 때문이다.

이것이 왜 그토록 중요할까? 극적인 효과를 증폭시키기 때문이다. 나중에 메리다는 공주답지 않게 드레스를 찢고 활을 쏘아 구혼자들에게 굴욕감을 안긴다. 그저 십 대의 반항으로 보자면 이 장면은 흥미롭긴 하지만, 우리는 십 대의 반항 장면을 수없이 봐왔다(확실히 이런 설정에서는 그렇지도 않지만). 메리다와 엘리노어의 상반되는 신념은 이 장면을 자유 대 의무, 솔직한 표현 대 적절한 외교술 사이의 충돌로 바꿔놓는다. 이런 가치들은 등장인물에게, 그리고 대리 경험을 통해 우리 관객에게도 훨씬 더 중요한 의미를 지니게 된다. 이 사례에서 볼 수 있듯이 확고한 신념은 갈등을 증폭시키고 갈등에 더 많은 층위와 의미를 더한다.

사실상 거의 모든 픽사 영화에서 수많은 플롯과 관계는 대립하는 두 신념을 중심으로 펼쳐진다. 〈업〉에서 칼은 파라다이스 폭포에서 만난 희귀종 새인 케빈에게 별 관심이 없다. 하지만 자연을 보호해야 한다는 보이스카우트 소년 러셀의 확고한 신념과 자기 명성을 되찾기 위해서라면 살인과 학대도 마다 않는 모험가 먼츠의 신념

사이에서 갈팡질팡한다. 이 상반되는 가치는 칼로 하여 금 한쪽을 선택하게 만든다.

〈인크레더블〉의 주인공 밥은 특별한 능력을 가진 슈퍼히어로를 기피하는 사회에 분개하며 자신(과 아들)의 뛰어난 재능을 보여주는 날이 오기를 간절히 바란다. 영화의 주요 적대자인 신드롬은 모든 사람이 특별한 능력을 가질 수 있게 되어 밥의 가족처럼 타고난 재능을 지닌 사람들의 특별한 지위가 사라지는 세상을 만들고 싶어한다. 이렇게 밥과 신드롬의 대립하는 가치관에서 플롯이 만들어지고 이야기가 전개된다.

 ## 최고의 신념은 (고통스러운) 경험에서 나온다

당연히 신념은 하늘에서 뚝 떨어지지 않는다. 우리 자신의 신념을 생각해보자. 대개는 양육과 수년 간의 교육과 경험에서 나온 결론이다. 등장인물도 마찬가지다. 인물의 초등학교 5학년 때로 되돌아가서 모든 태도를 설명할 필요는 없지만, 확고한 신념은 대개 등장인물이 겪은 과거의 경험들로 형성된다. 그 과거가 갈등과 긴장으로 가득하면 더 좋다.

픽사의 거의 모든 영화는 등장인물의 과거를 의미 있는 시퀀스˚로 보여준다. 〈월-E〉의 광고가 사라진 세계, 〈라따뚜이〉에서 나오는 이고의 과거 회상 장면, 〈업〉과 〈몬스터 대학교〉, 〈인크레더블〉 시리즈, 〈니모를 찾아서〉의 프롤로그가 대표적이다. 이처럼 과거를 슬쩍 보여주는 장면은 등장인물의 행동에 풍성한 결, 그리고 깊이를 불어넣는다. 〈토이 스토리 2〉와 〈토이 스토리 3〉는 긴 회상 장면을 넣어 제시와 랏소의 인간 주인에 대한 불신을 설명한다. 두 캐릭터가 느낀 상처와 배신은 생생하게 재현되어 그들의 현재 행동을 더 이해하기 쉽고 의미 있게 만들어준다. 또한 더 큰 공감과 흥미를 불러일으킨다. 과거를 빼놓고 보면 제시는 밉살스럽고 이기적인 존재로 비친다. 그런데 제시의 행동에 분명하고 극적인 이유를 더함으로써 그 행동이 나쁘거나 망상적이라고 일축하기 어렵게 만든다. 그럼으로써 제시의 행동은 그의 경험에

˚ 시퀀스sequence. 영화의 스토리를 구성하는 내용상의 단위. 몇 개의 신 scene이 모여 특정한 주제를 표현하는 작은 스토리(시퀀스)를 만들고, 몇 개의 시퀀스가 모여 한 편의 영화가 된다.

비추어 타당하게 느껴지며, 더 나아가 우디가 제시의 행동과 태도에 크게 흔들리고 영향을 받게 한다.

〈카〉에서는 한적한 시골 마을의 이장 닥 허드슨이 과거 레이싱카 챔피언이었던 허드슨 호넷이었음이 밝혀지는 장면이 중요한 구성점*이다. 이 사건으로 닥에 대한 맥퀸의 태도가 바뀐다. 또한 이 장면은 맥퀸이 속해 있고 좋아하는 레이싱 세계에 대한 닥의 깊은 경멸도 설명해 준다.

때로는 단 한 줄의 대사가 우리에게 필요한 모든 배경을 설명한다. 〈인크레더블〉에서 히어로 가족의 어머니 헬렌은 자신의 영광스러운 시절을 되찾으려는 밥의 시도를 필사적으로 반대한다. 헬렌은 자신의 가족이 슈퍼히어로라는 사실이 알려져서는 안 되고 사람들의 이목을 끌지 않고 조용히 살아야 한다고 생각한다. 이 문제로 밥과 언쟁하며 헬렌이 말한다. "좋은 선택이 아니야, 밥. 당신의 가족이 또다시 살던 곳을 떠나야 한다고." 이 한 줄은 가족의 터전을 옮기고 친구, 이웃과 헤어지고 학교

---

* 구성점plot point. 이야기의 흐름을 다른 방향으로 전환시키는 행동, 사건 등의 지점을 말한다. 전환점turning point이라고도 한다.

와 일자리를 옮겨야 했던 과거에 겪었을 그들의 고난을 암시한다. 이 경험은 헬렌이 그런 태도를 갖게 된 이유이며, 이 때문에 밥이 신드롬의 섬을 몰래 찾아가면서 영화의 메인 플롯이 시작된다.

일반적인 시나리오 작법 원칙에서는 대개 회상 장면, 즉 플래시백을 장점보다 단점이 더 많으며 되도록 피해야 하는 까다롭고 위험한 장치로 여긴다. 이 '재미없는 원칙'에 따르면 픽사의 많은 프롤로그는 폐기돼야 한다. 특히 일부 프롤로그가 대부분 설명적이라는 점을 생각하면 더 그렇다. 하지만 이런 시퀀스들은 효과적인 역할을 하며, 시나리오 작법 원칙을 성급하게 일반화하기보다는 잘 이해하고 살펴봐야 한다는 사실을 다시 한번 입증한다.

픽사의 플래시백 장면이 그토록 효과적인 이유는 대단히 간결하고 재미있으며 적절하게 배치되기 때문이다. 이런 장면은 대체로 영화 초반에 들어가 플래시백보다는 프롤로그처럼 등장하거나, 이야기가 펼쳐지면서 등장인물의 행동이나 반응의 한 부분으로 자연스럽게 나온다. 가령 〈라따뚜이〉에서 이고가 식사 자리에서 자신의 과거를 회상하는 장면이나 〈월-E〉에서 오토가 숨겨둔 영상을 선장에게 보여주는 장면이 그렇다. 더 긴 플래시백도 효과적으로 작동하는데, 그 이유는 픽사가 플래시백을 메인 플롯을 보충하는 소재라기보다는 독립적인 단편영화처럼 대하기 때문이다. 〈업〉의 프롤로그는 메인 플롯의 목표와 난관과 긴밀히 연결된 욕망, 장애물, 전환점의 삼요소를 모두 갖추고 있어 그 자체로 완성도가 있다.

✏ 요약

- 설득력 있는 등장인물을 만드는 것은 작가 앞에 놓인 가장 큰 과제 중 하나다. 독창성과 통찰력을 최대한 발휘해 독특하고 기억할 만한 이야기, 생김새, 세계를 가진 등장인물을 만들어야 한다.

- 무엇보다 그 등장인물들은 자기 특유의 확고한 관점을 바탕으로 다양한 생각과 가치, 그리고 사람들에게 진심을 다해야 한다.

- 등장인물의 신념이 그들의 경험, 특히 고통스러운 경험에 뿌리를 둘 때 그 신념에는 깊이와 현실감이 한층 더 생긴다.

- 또한 신념이 있으면 등장인물 사이의 갈등을 만들기도 더쉬워진다. 상반되는 견해와 가치관을 지닌 인물들을 붙여놓기만 하면 되는 것이다. 친구든 적이든 둘 사이의 상호작용은 한층 더 격렬히 충돌하며 중요한 의미를 갖게 될것이다.

- 열정, 신념, 경험이라는 이 세 가지 도구는 등장인물에게, 그리고 대리 경험을 하는 관객에게 이야기 속 사건을 더의미 있고 극적으로 느껴지게 만든다.

✎ 적용: 〈인사이드 아웃〉

- -

〈토이 스토리〉의 장난감들처럼 〈인사이드 아웃〉의 감정들은 라일리의 행복에 지대한 관심을 쏟는다. 사실상 영화의 플롯은 라일리를 계속 행복한 상태로 만들고자 하는 기쁨이의 강박적인 욕망을 중심으로 흘러간다.

이러한 욕망은 기쁨이가 과거에 겪은 경험에서 비롯된다. 〈인사이드 아웃〉은 기쁨이가 처음 라일리를 행복하게 만든 장면으로 시작하는데, 이 기쁨의 순간은 슬픔이가 나타나 라일리를 울게 만들면서 바로 깨진다. 그리고 바로 이 순간 때문에 기쁨이는 라일리가 늘 행복해야 한다는 신념을 갖게 된다.

또 주요 구성점 중 하나는 과거의 기억, 이번에는 라일리가 기억하는 순간 중 하나를 중심으로 펼쳐진다. 기쁨이는 라일리의 핵심 기억인 하키를 예로 들며 라일리를 행복하게 만드는 데 하키가 얼마나 중요한지 보여준다. 나중에 슬픔이가 그 기억을 만드는 데 얼마나 중요한 역할을 했는지 깨닫는 순간 기쁨이는 라일리의 과거를 다른 관점으로 바라보게 되고 결국 본부의 운영 방식에 대한 신념을 바꾼다.

✏️ 실전 연습

- -

1. 여러분이 만들어낸 등장인물에 대해 생각해보자. 그들에게 무엇이 중요한가?

2. 그들은 사랑, 우정, 죽음, 자유, 행복 등에 대해 어떤 신념을 품고 있는가?

3. 그런 신념을 품게 된 이유는 무엇인가?

4. 그렇다면 등장인물들의 가치관과 역사를 이용해, 어떻게 하면 플롯을 이루는 여러 사건이 그들에게 더 강한 영향을 미치게 할 수 있을까?

"우디가 특별한 장난감인 이유는 절대
너에 대한 마음이 변하지 않을 거라는
점이야. 영원히. 무슨 일이 있더라도
네 옆에 있을 거야."

— 〈토이 스토리 3〉, 앤디

3장

공감
불러일으키기

애정의 3단계

　　무엇이 우리로 하여금 이야기 속 등장인물을 좋아하게 만들까? 우선 애정의 정체부터 알아보자. '애정'은 다양한 모습과 형태를 띤다. 고등학교로 돌아가보자(아주 잠깐만이다. 진짜다). 누가 가장 인기가 많았는가? 분명 가장 매력적이고 카리스마 있는 아이들이었을 것이다. 이렇게 외적으로 분명히 드러나는 특징 때문에 어떤 캐릭터를 '좋아하게' 되는 것이 첫 번째 단계의 애정이다.

　하지만 우리가 어떤 친구를 좋아하는 건 이보다는 더 나은 이유 때문일 것이다. 같이 있으면 즐겁고 신나고, 또 내가 모르는 새로운 활동과 개념과 사람을 소개해줘서일 것이다. 어쩌면 재미있고 아는 게 많고 무언가에 열정적이기 때문일 수도 있다. 이게 바로 두 번째 단계의 애정으로, 이 단계는 첫 단계와는 달리 어떤 사람이나 등장인물과 실제로 관계를 맺게 한다. 친구를 대충 훑어보는 대신 친구에게 주의를 기울이고 친구의 더 많은 특성을 찾아내야 친구의 세계를 속속들이 알게 되며 긍정적인 특징을 발견할 수 있다.

이제 우리가 제일 절친한 친구와 어떻게 친해지게 됐는지를 한번 생각해보자. 처음 만났을 때 아마도 수많은 발견의 순간이 있었을 것이고, 그 과정에서 친구의 특이하고 재미있는 특징을 천천히 알아가다가 어느 순간 친구는 나만 아는 유일무이한 사람이 되었을 것이다. 이렇게 발견한 특징 중 몇 가지는 나와 친구의 공통점이었을 것이다. 친구와 내가 화나는 지점, 열정, 목표, 신념이 같다는 사실을 발견할 때마다 둘은 조금씩 더 가까워졌을 것이다. 이렇게 처음 두 단계의 애정이 대개 긍정적이거나 매력적인 특징에 달려 있다면, 세 번째 단계는 어떤 인물의 덜 매력적인 면을 포함하기도 한다. 우리가 친구의 잘못을 용서하는 이유는 우리가 그들을 잘 알고 그런 잘못을 하는 이유가 무엇인지 이해하기 때문이다. 친구의 이해하기 힘든 버릇이나 약점은 심지어 우리가 그 친구를 좋아하는 중요한 이유가 되기도 한다.

이게 세 번째 단계의 애정이며, 이 단계에서 우리는 다른 누군가의 세계에 직접적으로 관여하게 된다. 이제 친구의 승리는 나의 승리고, 친구의 실패는 나의 실패다. 이 단계의 애정은 앞 두 단계의 얄팍한 애정을 넘어서는데, 우리로 하여금 그 인물을 자신의 분신처럼 보게 만든다. 이때 등장인물은 우리의 기대와 두려움을 대신 경험히는 대리자가 된다. 이를 **공감**이라고도 하며, 등장인물이 관객에게 공감을 불러일으키는 것은 대단히 중요하다.

 ## 공감

　　캐릭터를 처음 선보일 때 이 세 가지 단계의 '애정'을 활용할 수 있다. 우리는 〈카〉 초반에 주인공인 라이트닝 맥퀸에게 바로 호감을 갖는다. 맥퀸의 성공적인 행보와 자신감에 매력을 느끼기 때문이다. 하지만 맥퀸이 얼마나 자기중심적인지 깨닫고는 그가 거만한 행동에서 한 걸음 물러나 변화하거나 성장하기를 기대한다. 래디에이터 스프링스라는 시골 마을에서 우리는 맥퀸에게 겉보기와는 다른 면이 있다는 생각을 품기 시작하고 그의 감정적 변화의 여정을 주의 깊게 지켜본다.

　〈인크레더블〉의 프롤로그에서는 한창 이름을 떨치던 전성기 시절의 미스터 인크레더블과 일라스티걸의 모습을 보여준다. 두 사람은 자신감 넘치고 섹시하고 강인하다. 무엇보다 우리는 범죄와 맞서 싸우는 슈퍼히어로의 짜릿한 삶을 엿본다. 그렇다고 두 사람을 완벽한 슈퍼히어로의 모범처럼 생각하지는 않는다. 두 사람은 서로에게 추파를 던지고 미스터 인크레더블은 자신의 결혼식에 늦을 뻔한다. 또 여러 사소한 순간들을 보며 우리는 멀찌감치 서서 두 사람의 모습에 감탄하기보다는 그들을 더 가깝고 친밀하게 느낀다.

픽사가 역대 가장 많은 사랑을 받은 주인공 중 하나인 월-E를 어떻게 소개하는지 한번 보자. 월-E는 말 없는 폐기물 수거 처리용 로봇으로, 고등학생 시절 우리가 짝사랑했던 상대와는 거리가 멀다. 그를 카리스마 넘치는 캐릭터라고 말하기는 힘들다. 우리와 처음 만나는 순간에 월-E는 황무지에서 쓰레기를 모아 압축하면서 거의 모든 시간을 보낸다. 하지만 우리는 곧 월-E의 취미와 생활방식을 알게 된다.

월-E를 쫓아다니면서 우리는 자기 일에 최선을 다하고 호기심 어린 시선으로 버려진 지구에서 세심하게 유물을 수집하는 월-E의 모습을 지켜본다. 심지어 뮤지컬 영화 〈헬로 돌리〉에 집착하는 모습과 언젠가 영화에서 묘사하는 감정을 경험해보고 싶어 하는 월-E의 꿈까지 알게 된다. 월-E가 퇴근해 집으로 돌아가는 일상은 모든 사람이 공감할 수 있는 모습이다. 그는 긴 하루의 일을 끝낸 뒤 집에 돌아와 취미 생활을 즐기고 털썩 주저앉아 좋아하는 영화를 본다. 그리고 틈틈이 평생에 단 한 번뿐인 가슴 설레는 사랑을 꿈꾼다. 얼마나 익숙하고 친근한 이야기인가? 하지만 월-E 버전의 익숙한 일상이 워낙 구체적이고 색달라서 그 캐릭터가 그토록 우리의 마음을 잡아끄는 것이다.

어떤 캐릭터에 대한 첫 번째 단계의 애정은 만들기 쉽지만 또 그만큼 쉽게 사라진다. 세 번째 단계의 애정에는 더 많은 디테일과 독창성뿐 아니라 관객의 인내가 필요하다. 하지만 그 효과는 더 크며 관객과의 유대도 한층 강해진다. 두 번째 단계의 애정은 그사이 어디쯤에 있다. 오랫동안 이 단계에 의존할 수는 있지만, 세 번째 단계의 애정을 만들지 못하면 관객의 공감을 얻기 힘들다.

공감은 힘이 세다. 모든 사람에게 있는 핵심적인 인간성을 바탕으로 우리와 완전히 달라 보이는 사람의 관점에서 세상을 바라보는 능력은 인간만이 가진 고유한 능력 중 하나다. 우리 관객을 완전히 다른 누군가의 마음속 더 깊은 곳으로 데려갈수록 우리도 더 유익하고 변화무

쌍한 여정을 경험하게 될 것이다.

〈월-E〉를 볼 때 우리가 아무도 살지 않는 황량한 행성에서 사랑을 찾고자 하는 월-E의 욕망뿐 아니라 그 욕망을 이룰 확률까지 알게 된다는 점도 짚고 넘어갈 필요가 있다. 확률은 희박하다. 그리고 우리는 모두 스스로를 승산이 적은 약자라고 생각하기 때문에 월-E가 희박한 확률을 깨고 사랑을 쟁취할 수 있을지 궁금해하며 지켜본다. 그것이 관객의 공감을 불러일으키는 결정적인 또 한 가지 방법이다. 바로 등장인물에게 승산이 낮은 욕망을 품게 하는 것, 그리고 그보다 더 좋은 방법은 등장인물을 곤경에 빠뜨리는 것이다. 하지만 명심하자. 누군가가 고통받는 모습을 가만히 지켜보는 걸 좋아하는 사람은 없다. 등장인물을 고통스럽게만 만들면 공감보다는 연민과 혐오를 불러일으킬 것이다. 대신 등장인물을 빠져나오기 힘든 상황에 빠뜨린 다음 그 상황에서 용감하게 빠져나올 계획을 세우게 만들어야 한다.

욕구와 동기

공감은 다른 누군가의 특이한 상황과 삶의 경험을 알게 됨으로써 그 인물에게서 우리 자신의 모습을 발견하는 것이다. 하지만 그 인물이 의미 있는 행동을 하지 않으면 그의 독특한 성격이나 과거의 경험은 우리에게 평면적이거나 막연하게 느껴질 수도 있다. 어떻게 해야 특정 행동을 의미 있게 만들 수 있을까? 거기에는 위험과 욕망이 있어야 한다.

우리는 모두 무언가를 갖고 싶어 한다. 그 욕구는 작을 수도 클 수도 있고, 쉽게 얻을 수 있기도 하고 거의 얻기 불가능하기도 하다. 우리는 우리가 원하는 것(인앤아웃버거, 집세, 사랑, 성공 등)을 좇는 데 삶의 많은 시간을 쓴다. 우리는 등장인물이 무언가를 간절히 원하는 모습을 볼 때 곧장 그 등장인물의 편이 되어 그 인물이 원하는 걸 얻게 되길 바란다. 왜일까? 등장인물과 마찬가지로 우리의 목표가 이루어지길 바라기 때문이다. 월-E의 가장 매력적인 특징 중 하나는 사랑을 경험하고 싶어 하는 욕망이다. 마찬가지로 피스톤 컵에서 우승하고 싶어 하는 맥퀸의 꿈은 맥퀸이 가진 결점에도 불구하고 우리가 맥퀸을 응원하는 이유다. 맥퀸이 래디에이터 스프링스 마을에 발이 묶여 평생의 꿈이 물거품이 될 위기에 처했을 때 우리는 그의 좌절감에 공감한다.

등장인물의 욕구를 아는 것만으로는 부족하다. 스토리텔러인 우리는 등장인물이 그 욕구를 품고 있는 이유까지 알아야 한다(그리고 전달해야 한다). 〈라따뚜이〉에서 쥐인 레미는 인간 세계에 마음을 빼앗긴다. 글을 읽고 요리하고 음식을 맛보고 싶어 한다. 인간, 그리고 무언가를 만들어내는 인간의 능력에 영감을 받아 자신의 영웅 구스토처럼 창의적인 요리사가 되고 싶어 한다. 레미는 아버지에게 비웃음을 사고 친구들에게 이해받지 못하고 인간의 부엌에 들어갈 때마다 목숨이 위험해지지만 그럼에도 꿈을 이루고 싶어 한다. 왜일까? 레미가 그토록 의욕이 넘치는 이유는 다른 쥐들과 달리 뛰어난 미각과 후각을 가지고 태어났기 때문이다. 이러한 재능이 레미를 아웃사이더로 만든다.

다른 쥐들은 레미의 남다른 면을 어떻게 대해야 할지 모른다. 대신 레미의 재능을 자신들의 목적을 채우는 데 이용해 음식물에 독이 들어 있는지 검사하게 한다. 자연스럽게 레미는 자신과 자신의 재능이 더 잘 쓰일 수 있는 곳을 찾고 싶어 한다.

　동기는 적대적인 캐릭터를 설계할 때 특히 중요하다. 〈몬스터 주식회사〉의 사장 워터누즈를 생각해보라. 워터누즈는 골칫거리인 인간 아이 부를 눈감아준다. 몬스터 세계인 몬스트로폴리스에 필요한 에너지를 더 많이 모으는 일이 간절하기 때문이다. 워터누즈는 몬스트로폴리스의 운영을 책임지고 있다. 이 간절한 동기 때문에 워터누즈는 악행을 저지르고, 무엇보다 더 흥미롭고 복잡한 빌런이 된다.

"못 고치는 병이면
슬퍼할 필요도 없다고 했소"

　〈오셀로〉의 이 대사에서 셰익스피어는 불행한 일을 막을 수 있는 도리가 없으면 더 이상 슬퍼할 이유도 없다고 말하고자 한다. 스토리텔링에서도 마찬가지다. 불행이 닥치면 등장인물은 잠시 자신의 처지를 슬퍼하겠지만…… 치료법을 모두 써볼 때까지 그들의 여정은 끝날 수 없다. 쉽게 말해, 주인공은 가능한 모든 행동을 취한 다음에야 포기하고 운명을 받아들일 수 있다.

〈니모를 찾아서〉가 다음처럼 지극히 형편없는 이야기였다면 어땠을지 상상해보자. 말린의 외동아들 니모가 스쿠버다이버들에게 잡혀간다. 말린이 10분가량 배를 쫓아간다. 배는 빠른 속도로 달려 나가 시야에서 사라지고 말린은 아들을 구하는 걸 포기한다. 가망이 없다고 생각하고 암초로 돌아간다. 영화의 남은 부분은 말린이 자신의 기구한 운명을 탓하며 우는 장면으로 채워진다. 흥미롭지도 않을뿐더러 말린에게 공감하기도 힘들다. 무슨 아버지가 아들을 그렇게 쉽게 포기한단 말인가? 그리고 왜 아들을 잃어버려 놓고 징징거리기만 하고 다른 방법을 찾지는 않는가?

이야기 속 등장인물은 결점이 있어야 하지만 그런 결점 중에 패배주의적 행동은 절대 없다. 픽사의 영화에 나오는 등장인물들은 절대 포기하지 않는다. 그들은 죽음을 직면하고 가장 큰 두려움을 이겨낸다. 원하는 것을 손에 넣을 수만 있다면 변하고 적응한다. 이런 점 때문에 픽사의 영화가 그토록 큰 만족감을 주는 것이다. 그래서 작가는 등장인물이 어떤 욕구를 지니게 된 강력한 동기를 만들어야 한다. 이 동기는 많은 시련을 헤치고 나갈

만큼 강해야 한다.

그 동기 때문에 우리는 등장인물과 우리 자신을 동일시한다. 우리는 어떤 일이 있어도 우리 욕구를 좇는 삶을 살고 싶어 한다. 하지만 대개 그러지 못한다. 이야기는 우리에게 그런 삶을 사는 등장인물의 위험과 보상, 시련과 기쁨을 보여준다.

그렇다고 이야기 속 등장인물이 절대 포기할 수 없다는 말은 아니다. 사실 그들은 현실적으로 포기해야 한다. 비록 잠깐이기는 하지만. 〈벅스 라이프〉에서 주인공 개미 플릭은 자신이 실패자라는 최악의 평가를 끝내 받아들이지만, 도트 공주와 서커스단 벌레들이 플릭의 자신감에 다시 불을 붙인다. 〈니모를 찾아서〉 속 말린 역시 고래의 몸속에 갇혀 완전한 절망을 경험한 뒤에야 니모 근처에 내뱉어진다. 등장인물이 이처럼 절망적인 순간을 경험해야 하는 이유는 자기 의심과 두려움을 경험하지 않는 등장인물은 현실성이 없기 때문이다. 우리는 아무리 용감하고 성공한 사람이라 할지라도 이런 감정이 우리 모두의 안에 존재한다는 사실을 안다. 따라서 이야기 속 등장인물도 그런 감정을 품고 있어야 한다.

대개 픽사의 주인공들은 세상 끝까지라도 가서 원했

던 것을 손에 얻지만 언제나 그렇지만은 않다. 〈몬스터 대학교〉의 마이크 와조스키는 간절하게 '겁주기 몬스터' 가 되고 싶어 한다. 마이크는 자신이 그런 몬스터가 될 수 있다고 하도 자신만만해서 어쩌면 자기에게 그런 자질이 없을지도 모른다는 여러 증거를 무시한다. 하지만 마이크는 절대 포기하지 않는다. 겁주기 학과에서 쫓겨난 뒤 자신을 믿어주지 않는 친구들에게 상처를 받은 마이크는 마지막으로 과감한 시도를 한다. 실제로 인간들을 만나기로 결심하고 몬스터 세계의 모든 규칙을 어기며 목숨을 건 모험을 한 것이다. 마이크는 어린아이들을 겁주는 데 실패한 뒤 비로소 진실을 마주한다. 자신이 무섭지 않다는 사실 말이다. 중요한 건 마이크가 (자신과 작가들, 관객들이) 상상할 수 있는 모든 일을 시도해본 다음에야 포기한다는 점이다. 쉽게 포기하는 등장인물은 관객을 실망시킨다. 최선의 노력을 다한 끝에 실패를 경험하는 등장인물은 그들의 여정에 함께한 모든 사람에게 강한 공감을 불러일으킬 것이다.

내면의 여정

주인공이 굳은 의지를 증명하는 방법은 많다. 등장인물의 여정은 거리가 아니라 고통스러운 경험과 난관을 극복한 노력으로 평가된다. 〈메리다와 마법의 숲〉에서 주인공 메리다는 큰 시련을 많이 경험하지는 않는다. 메리다는 영화의 많은 시간 동안 곰이 된 어머니와 시간을 보낸다. 메리다는 어머니에게 곰으로 사는 법을 알려주고 어머니를 다시 인간으로 되돌리는 방법을 찾아낸다. 메리다는 주문을 풀고, 아버지가 곰이 된 어머니를 죽이지 못하도록 막고, 흉포한 곰 모르두에게 잡아먹히지 않는 방법을 알아내야 한다. 이 같은 난관은 메리다 자신과 어머니의 목숨을 위협하기 때문에 중요하지만, 메리다에게 가장 중요한 목표인 자신의 운명을 바꾸는 일에 비해서는 부수적이다.

자신의 운명을 바꾸기 위해 메리다는 어머니인 엘리노어 왕비에게 가르침을 받는 동시에 가르침을 주어야 한다. 자존심을 어느 정도 내려놓고 어머니와 협력하는 법을 배워야 한다. 동시에 어머니의 신뢰를 얻고 어머니를 용서하는 법도 배워야 한다. 쉽지 않은 일이다. 그들

왕국의 형제국들은 서로 성장하고 용서하고 소통할 줄 몰라서 수년간 왕래가 끊어진 상태다. 이런 위기를 고조시키는 어머니가 곰이 된 상황은 자신의 잘못으로 일어난 일이기에 메리다는 어쩌면 평생 갈 죄책감과 후회를 느낀다.

메리다의 결정은 그가 처한 물리적 어려움만으로 평가되지 않는다. 메리다는 〈니모를 찾아서〉 속 말린이나 〈온워드: 단 하루의 기적〉 속 이안과 발리 형제와 달리 머나먼 길을 떠나 거친 적대자들을 끝없이 상대하지는 않는다. 대신 메리다의 결정은 공주로서의 역할 대 개성, 자신의 가치 대 어머니의 가치, 자신의 열정 대 의무, 자신의 자부심 대 연민을 받아들이고 조화시키는 능력으로 평가를 받는다. 메리다는 세 왕국 앞에 놓인 갈등을 해결한 뒤에야 어머니의 방식을 존중하는 법을 배운다. 그제야 사랑과 용서의 주문이 이루어지며 엘리노어 왕비는 마침내 인간의 모습으로 돌아온다.

메리다는 자기의 내면을 깊이 들여다보며 자신에게 있는 줄도 몰랐고 심지어 경멸했던 면을 발견한 뒤에야 실수를 만회한다. 그리고 자신의 운명은 물론 왕국의 운명까지 더 나은 방향으로 완전히 바꿔놓는다.

✎ 요약

- 관객이 등장인물을 좋아하는 것을 넘어 공감하게 만들려면 입체적이고 구체적인 등장인물을 만들어야 한다. 그들의 남다른 특징을 보여주는 동시에 공감할 수 있는 인간적이고 보편적인 특징도 드러나게 해야 한다.

- 가장 보편적인 특징 중 하나는 욕구다. 등장인물에 분명한 목표와 강한 동기를 부여하면 사람들은 그 등장인물에 공감할 것이다. 심지어 그들의 행동이 의아할 때도 그렇다.

- 마지막으로, 목표를 좇을 때 등장인물은 대담하고 확고하고 용감하게 자기 의심과 맞서 싸워야 한다. 목표를 이루기 위해 상상할 수 있는 모든 일을 다 해볼 때까지 절대 포기해서는 안 된다.

기쁨이는 한눈에 호감이 가는 캐릭터. 쾌활하고 말 그대로 빛이 날 뿐 아니라 기쁨 그 자체. 기쁨이에게 삶의 목적은 온통 누군가를 행복하게 만드는 것이다. 영화가 시작되자마자 우리는 기쁨이가 처한 상황에 익숙해지면 기쁨이의 세계와 세계관을 이해하게 된다. 이후 기쁨이와 슬픔이가 본부 밖으로 밀려 나갔을 때는 기쁨이에게 분명하고 시급한 목표가 생긴다. 바로 핵심 기억을 원래의 자리로 되돌려 라일리의 성격섬이 무너지지 않도록 막는 것. 이 목표 때문에 관객은 기쁨이에게 한층 더 공감한다. 슬픔이와 빙봉과 힘을 합쳐 기쁨이는 라일리 머릿속의 위험천만하고 목숨을 위협하는 구역들을 헤쳐나간다. 그 무엇도 상황을 바로잡으려는 기쁨이의 의지를 꺾지 못한다.

여기서 특별히 빙봉을 언급할 필요가 있다. 우리가 빙봉을 처음 만나는 순간에 빙봉은 라일리와 함께 보냈던 시절의 기억 구슬을 애처롭게 훔치고 있다. 우리가 이 무단 침입을 용서하는 이유는 빙봉에게 공감할 수 있는 강력한 동기가 있기 때문이다. 빙봉은 잊히고 버려진 존재다. 누구나 살면서 그런 기분을 느껴본 적이 있다. 하지만 그런 고통을 겪으면서도 빙봉의 가장 큰 목적은 여전히 라일리의 행복이다. 그래서 기쁨이와 슬픔이를 도와 그들의 위험한 여정에 동행한다. 빙봉은 이 목적에 충실한 나머지 결국 자신을 희생한다. 다시 기억되는 것을 평생 포기하고 라일리가 다시 행복해질 수 있기를 바란다. 이런 것이 바로 의지가 굳은 캐릭터다.

✏️ 실전 연습

- -

1. 여러분이 쓴 이야기 속 등장인물은 어떤 것 같은가? 독특한가 아니면 평범한가?

2. 현실에 있을 법한 입체적인 등장인물처럼 느껴지게 만드는 습관이나 취미, 루틴은 무엇인가?

3. 관객들이 응원할 수 있는 분명한 목표나 계획은 무엇인가?

4. 등장인물이 목표를 좇는 이유가 강력하고 구체적인가?

5. 이 목표를 좇는 과정에서 등장인물은 자신을 얼마나 세게, 또 멀리까지 밀어붙이는가?

6. 그들은 젖 먹던 힘까지 다하는가, 아니면 하는 둥 마는 둥 대충 하는가?

7. 그들이 처한 어려움은 외부적이고 신체적인가? 아니면 관계 중심적이고 감정적인가?

"글쎄, 네가 그 멍청한 종이 우주선을
타고 나타나서 내게 소중한 것을 전부
빼앗지만 않았더라면……."

— 〈토이 스토리〉, 우디

4장

드라마와
갈등

죽고 사는 문제 이상의
스토리

　　　　갈등이 이야기의 성패를 좌우한다는 건 잘
알려진 사실이다. 하지만 갈등은 대체로 좁은 의미로 해
석되는 듯하다. 갈등은 소행성이 지구를 향해 돌진하거
나 두 사람이 말다툼을 벌이는 것보다 훨씬 더 폭넓은 의
미를 지닌다. 갈등을 더 넓게 정의하자면 주인공과 주인
공의 목표 사이를 가로막는 장애물이라고 할 수 있다. 이
장애물이 독특하고 독창적이며 여러 겹으로 이루어질수
록 이야기는 돋보이고 관객을 만족시킬 것이다.

　픽사는 사실상 모든 영화에 목숨이 위태로운 순간을
넣는다. 〈인크레더블〉 속 슈퍼히어로나 〈벅스 라이프〉와
〈니모를 찾아서〉 속 무자비한 곤충과 해양생물의 세계
에만 이런 순간이 있을 것이라고 생각할 수도 있지만, 픽
사는 거의 모든 영화에 되돌릴 수 없는 신체적 손상의 위
험을 어떤 식으로든 담아낸다. 〈업〉은 사랑하는 사람이
죽은 후 혼자 살아가는 법을 배우는 홀아비의 이야기일
지 모르지만, 영화는 혼자 남겨진 주인공을 비행선 위에
서 과대망상증 환자와 위험한 싸움을 벌이는 상황으로

내몬다. 〈몬스터 주식회사〉와 〈몬스터 대학교〉의 세계에서 몬스터는 인간과 몸이 닿는 것만으로도 죽는다고 알려져 있다. 그 정보가 오류라 할지라도 그 믿음을 중심으로 만들어진 규칙과 조직은 매 순간 격렬한 갈등을 만들어낸다. 심지어 만년 실적 2위의 잔악한 몬스터 랜달 보그스가 등장하기 전에도 그렇다. 〈엘리멘탈〉에서 픽사는 사랑 이야기에 불과 물이 서로에게 미치는 근원적 위험을 버무려내며, 누군가가 우리를 감정적으로 무너뜨릴 힘을 쥐고 있을 때 필요한 용기를 통찰력 있게 은유한다. 〈카〉는 픽사가 만든 영화 중 목숨이 위험한 순간이 가장 적은 작품일 것이다. 영화 마지막 부분에 나오는 두 번의 경주에서만 자동차들은 생명의 위험을 경험한다.

생사가 걸린 싸움은 이야기 속 등장인물이 마주할 수 있는 가장 큰 갈등이다. 죽음은 등장인물이 목표를 이루는 과정에서 극복하기 힘든 장애물이기 때문이다. 죽음은 특히 위험한 세계를 묘사할 때 작가들이 이용할 수 있는 장치다. 〈월-E〉에서 이브는 하늘에서 천천히 내려오는 방법으로 월-E의 세계에 들어올 수도 있었다. 그러나 이브는 월-E가 제때 몸을 피하지 못했다면 월-E를 태워버렸을 어마어마한 화력 장치와 함께 등장한다. 하지만 이 선택은 스토리에 전혀 결정적인 영향을 미치지 않는다. 어떻게 나타났든 〈월-E〉는 근본적으로 같은 영화였을 것이다. 하지만 더 위험한 등장 방식을 택함으로써 더 극적인 순간이 탄생하고 '월-E는 과연 살아남을 수 있을까?'란 긴장을 주며 우리를 한 번 더 놀라게 한다. 관객은 놀라서 숨이 멎을 것 같은 장면을 좋아한다. 따라서 여러분의 설정이 그런 장면을 만들 가능성이 있다면 기꺼이 이용하자.

하지만 생명을 위협하는 상황은 그저 출발점일 뿐이라는 사실을 명심하라. 죽음은 모든 목표에 방해물이 되지만, 그저 살아만 있는 것은 사실 지루한 목표다. 주인공의 신념과 욕구, 그리고 주인공이 속한 세계나 사회의 독특한 특징을 바탕으로 구체적이고 개인적인 목표를 설정해야 더 발전시키고 탐구할 수 있는 흥미로운 갈등을 만들 수 있다.

2장에서 이야기한 것처럼 신념은 갈등의 불씨다. 등장인물이 어떤 일을 대단히 신경 쓰면 그 감정을 둘러싼 강력한 갈등을 만들어낼 수 있다. 등장인물의 신념과 감정에서 비롯되는 갈등은 풀어내기가 약간 더 어려운데, 신념과 감정은 둘 다 등장인물의 머릿속에 존재하며 죽고 사는 문제보다 덜 보편적이고 더 구체적이기 때문이다. 이런 갈등을 그리려면 여러분이 만든 등장인물과 세계를 더 깊이 이해할 필요가 있다. 등장인물이 이런 신념을 갖게 된 감정 구조를 설명해야 하며(이를 설명하는 부분을 전문 용어로는 '발단exposition'이라고 부른다) 깊이 감춰진 갈등에 대한 질문, 즉 작용 중인 두 힘을 잘 드러나게 만들어야 한다.

가령 〈업〉의 초반에는 이런 질문이 제기된다. '칼은 삶의 새로운 목적을 찾을 수 있을까?' 이 질문은 어떤 방식으로 제시되는가? 칼이 아내 엘리와 함께 나눈 즐거웠던 삶과 꿈을 엘리가 죽은 후 칼이 보내는 우울하고 따분하고 공허한 삶과 나란히 놓는 방식으로 제시된다.

이를 축구 경기처럼 생각해볼 수 있다. 좋은 갈등은 미스터 인크레더블 대 신드롬이든, 칼의 욕망 대 슬픔이든 경기장, 규칙, 상대 팀을 설정하고, 관객으로 하여금 한껏 집중해 이 영원한 질문의 답을 찾게 한다. '어느 쪽이 이길까?'

어떤 면에서 이야기는 여러 차례에 걸쳐 던지고 답하는 갈등에 대한 질문이다. 어떤 질문의 대상은 외적인 힘이고, 또 어떤 질문의 대상은 내적인 힘이다.

감정적 갈등을 만들고
풀어내기

　　〈토이 스토리 2〉에서 우디는 극심한 딜레마에 처한다. 부상을 입고 찬밥 신세가 된 이후 우디는 생존의 위기를 느낀다. 우디는 자신이 너무 낡아빠졌거나 어쩌면 앤디가 그냥 자신에게 질려서 버려질까 봐 두려워한다. 그러다 자신이 어느 수집가가 모으는 장난감 시리즈 중 하나라는 사실을 알게 되면서 우디는 다른 삶을 살 기회를 얻는다. 박물관 유리 장식장 안에 영구 보존되어 사는 삶이다. 이는 처음엔 끔찍하게 들렸지만, 함께 수집된 장난감들과 가까워지고 영원히 사람들의 관심과 감탄을 받는 삶을 생각하며 우디는 고민하기 시작한다. 버즈와 장난감 친구들이 우디를 데리러 왔을 때 우디는 어떤 선택을 해야 할지 쉽게 결정하지 못한다. 주인에게 버림받은 카우걸 장난감 제시의 이야기를 듣고, 기억에서 잊힌 경험을 떠올리면서 우디는 앤디와 함께할 자신의 미래에 그다지 확신을 갖지 못한다. 이에 버즈는 우디가 자신을 사랑하는 아이에게 의리를 지키는 것이 얼마나 가치 있는 일인지 알려줬던 사실을 일깨워준다. 이는 우디의 마음 깊은 곳에 있는 신념이다. 하지만 우디는 버려질지도 모른다는 두려움에 무릎 꿇고 만다. 앤디에게 돌아가는 대신 박물관으로 가기로 한 것이다.

이 장면에서 갈등은 무엇일까? 얼핏 보기에 갈등은 우디와 버즈 사이에 존재한다. 버즈는 우디가 집으로 돌아가기를 바라고, 우디는 집으로 가고 싶지 않아 한다. 대립하는 두 힘이 존재하고, 극적 질문 하나가 떠오른다 ('우디는 집으로 돌아갈까?').

하지만 여기서 더 깊은 갈등이 생긴다. 우디에게는 한 가지 목표가 있다. 누군가에게 의미 있는 존재가 되는 것. 이건 버즈가 그 목표 달성을 방해하는 존재로 나오는 〈토이 스토리〉에서도 우디의 목표였고, 우디가 앤디보다 어린 아이의 장난감이 되면서 이 목표를 달성하는 〈토이 스토리 3〉에서 다시 우디의 목표가 된다. 우디는 대립하는 두 힘 사이에서 갈등하고, 그 두 힘은 우디가 어떤 방법으로 그 목표를 달성할지 결정한다. 한 가지 힘은 앤디에 대한 우디의 한결같은 애정과 장난감은 주인에게 의리를 지켜야 한다는 우디의 깊은 신념이다. 다른 힘은 자신이 닳고 낡아서 또는 어느 날 앤디가 자기에게 질려서 버림받지 않을까 하는 두려움이다. 이 감정적 갈등에서 비롯되는 질문은 다음과 같을 것이다. '우디는 앤디에게 의리를 지킬까, 아니면 두려움에 무릎 꿇고 박물관에서 보내는 안전한 삶을 택할까?'

처음에는 우디의 두려움이 이긴다. 하지만 〈넌 나의 친구야〉라는 곡이 TV에서 흘러나오고 자신의 신발 밑창을 긁어 앤디가 써놓은 이름을 보고 우디는 앤디에게 돌아가기로 결심한다. 이 장면에서는 외적으로 드러나는 요소를 통해 우디의 내적 갈등을 보여주는 방식이 사용된다. 버즈와 노래, 신발 밑창에 적힌 앤디의 이름은 우디의 의리를 보여주는 영화적 요소들이다. 반면 우디의 대사와 제시, TV 프로그램 〈우디의 가축몰이〉에 등장하는 장난감들은 우디의 두려움을 보여준다.

 ## 죽음 < 천벌

우리가 감정과 캐릭터 중심의 갈등을 만들고 싶어 한다고 해서 어두운 이야기를 할 수 없다는 의미는 아니다. 실제로 픽사의 영화가 그토록 강렬한 이유 중 하나는 깊고 내밀한 갈등을 다루기 때문이다. 앞에서 언급했듯 픽사의 많은 영화가 생사가 걸린 상황을 보여주고 또 죽음이나 슬픔을 다루지만, 픽사의 대다수 영화에는 이보다 더 무서운 설정이 있다. 바로 천벌이다. 사전에 따르면 천벌은 '지옥에서 받는 영원히 벗어날 수 없는 벌'이다. 여기서 핵심적인 단어인 '지옥'은 작가가 만든 가상의 세계와 등장인물에 맞춰 고안된 특별한 종류의 지옥이다. 이런 '지옥'은 무감각함과도 연관되는데, 픽사는 몇몇 작품에서 이런 상황을 선보인다. 즉 용감했던 주인공이 더 이상 자기 삶을 통제하지 못하고 천벌을 받는 상황에 빠진다. 너무 암울하게 들린다고? 같이 한번 살펴보자.

〈소울〉에서 픽사는 '죽은 영혼들'을 소개한다. 눈이 하나뿐인 이 우울한 괴물들은 우리가 한 가지 일에 너무 열중해 삶의 다른 모든 것을 보지 못할 때 우리의 아름답고 눈부셨던 영혼이 어떻게 변하는지를 보여준다(나에게는 한 번도 일어나지 않은, 아니 무슨 말인지도 도무지 알 수 없는 상태다). 우리의 주인공 영혼 22가 암울한 형상 속에 갇혀 자신이 얼마나 쓸모없는 존재인지 읊조리는 장면에서다. 우리는 〈월-E〉의 후반부에서도 이런 상황을 마주한다. 파손되었다 복원된 후 월-E는 잠시간 쓰레기를 압축하는 데 열중하는 '그냥' 로봇 중 하나로 보인다. 우리가 사랑했던 면이라고는 하나도 가지고 있지 않은 그저 평범한 청소 로봇 말이다. 〈토이 스토리 3〉에서 장난감들은 탁아소 아이들에게 지속적인 괴롭힘을 당하는 운명에 처한다. 그야말로 '지옥에서 천벌'을 받게 된다. 우디 역시 지옥에 빠질 뻔한다. 〈토이 스토리 2〉에서 주인에게 다시는 외면당할 일이 없을 박물관 유리 진열장에서 영원히 살까 잠시 흔들린다. 심지어 〈라따뚜이〉에도 은근한 천벌의 상황이 벌어진다. 사람들이 자신이 가진 재능을 무시하거나 얕보는 것, 아니면 레스토랑이 문을 닫았을 때 구스토에게 벌어진 일처럼 자신의 재능이나 실패를 이용하는 것도 충분히 지옥 같은 상황이다. 하지만 스키너는 레미(그리고 구스토의 영혼)를 이용해 질 낮은 인스턴트 식품을 생산하려고 한다. 그야말로 재능에 대한 천벌이다. 재능을 살리되 가둬서 손발을 묶고 수준을 떨어뜨리는 것이다. 이 모든 사례에서 캐릭터들은 계속 존재는 하지만, 그들의 삶을 살 만하게 만드는 이유는 모조리 사라졌다. 이처럼 우리의 주인공만이 마주하는 구체적이고 독특한 종류의 위협을 찾아내면 이야기가 풍성하고 넓어지는 동시에 극의 긴장감이 높아진다.

한 가지 중요한 인간적이고 사회적인 진실은, 죽음에 대한 두려움은 인간의 보편적인 감정이지만 모든 사람, 모든 집단에는 각자의 지옥이 있다는 것이다. 어떤 나라에서든 어떤 커플 사이에든 무엇이 좋고 나쁘고 최악인지에 대한 합의가 어느 정도 이루어진다. 서사 면에서든 주제 면에서든 하나의 완전한 이야기는 그 세계 안에 있는 이 '최악', 즉 지옥 같은 상황을 불러내고 탐구한다. 위의 사례 중 몇 가지는 주요 스토리와 별 관계가 없지만, 어떤 이야기는 핵심을 관통한다. 〈소울〉은 삶을 회피하지 않는 이야기를 그린다. 무명의 재즈 피아니스트 조가 어떤 면에서는 삶을 회피해왔는지 모르지만, 영화가 그리는 최악의 상황은 삶의 어떤 부분을 놓치는 것이 아니라 삶의 일부분에 지나치게 집착해 전체 경험을 놓치게 되는 것이다. 〈업〉에서 칼과 엘리의 과거를 회상하는 눈물 쏙 빠지는 오프닝은 한 부부가 품었던 모험의 꿈이 이루어지지 못한 채 비극으로 끝맺는 결말을 보여준다. 하지만 인생 최고의 모험을 놓치는 것과 타고난 모험심을 잃는 것은 다르다. 칼은 바로 이 모험심을 잃었지만 결국에는 되찾는다.

위험을 생생하고 과장되게 묘사하기

　　　　픽사의 영화는 극단의 상황을 다룬다. 즉 어떤 위험이든 픽사는 최대한 그 상황을 과장한다.

　대부분의 사랑 이야기는 일생의 사랑을 찾고 쟁취하고 지키는 이야기를 중심으로 펼쳐진다. 대개는 등장인물이 이 사랑을 얻는 데 실패하면 불행해질 것이라는 사실을 우리는 알지만, 얼마 뒤에 다른 누군가를 찾을 것이라는 사실 역시 알고 있다. 그러나 픽사가 만든 아름다운 사랑 이야기 〈월-E〉에서는 사랑의 실패에 따르는 위험이 유독 더 크다. 월-E는 이브의 마음을 얻지 못하면 혼자 남겨질 것이다. 결과는 그야말로 지독한 외로움이다. 지구상에 혼자 남겨져 바퀴벌레에게 말을 건네고 같은 영화를 끝없이 보고 또 보는 생활 말이다. 그저 한 사람이 사랑하는 사람의 마음을 얻지 못하는 수준이 아니다. 우주에 홀로 남겨지게 되는 것이다. 이 정도 위험으로 성에 차지 않는다면 영화 후반으로 가면서 주요 장르가 디스토피아 SF로 바뀐다는 사실을 생각해보자. 인류의 미래 전체가 위험해지고 이 미래는 월-E의 손에 달려 있다.

극단적인 상황은 파리의 레스토랑 같은 더 평범한 설정에서도 찾을 수 있다. 〈라따뚜이〉의 클라이맥스는 영향력 있는 음식 평론가 안톤 이고가 구스토의 레스토랑을 찾아오는 상황을 중심으로 벌어진다. 이 갈등이 흥미로워지려면 실패에 따른 위험이 커야 한다. 즉 이고는 레미와 링귀니를 완전히 무너뜨릴 수 있는 능력을 가지고 있어야 한다. 이고를 파리에서 가장 냉정하고 권위 있는 평론가로 만든 설정은 좋은 출발이다. 영화 초반에 이고가 어떻게 소개되는지 생각해보라. '저승사자 평론가'라 불리는 이고의 가차 없는 혹평 때문에 구스토의 레스토랑은 명성을 잃고 구스토는 때 이른 죽음을 맞는다. 이고는 한결같이 한 사람의 삶을 무너뜨릴 힘을 지닌 존재로 그려진다.

이고는 레미의 꿈을 영원히 무너뜨릴 힘을 쥐고 있다. 하지만 결국 이고는 레미의 구원자가 된다. 이 마지막 퍼즐 조각이 레미가 새롭게 꿈꾸는 이상적인 삶을 완성한다. 우리의 등장인물들이 떠나는 여정에는 위험만 있어서는 안 되며, 기회도 같이 따라와야 한다.

성장의 기회:
캐릭터의 감정을 드러내고 변화시키기

갈등이 필요한 이유는 바로 관객이 갈등을 좋아하기 때문이다. 관객은 대립하는 두 힘을 보고 어느 쪽이 이길지 궁금해한다. 관중 스포츠와도 비슷하다. 이야기는 내가 좋아하는 편이 이길 확률이 훨씬 더 높을 뿐이다. 픽사는 대개 이 대결을 통해 승패 이상의 더 많은 것을 보여준다. 픽사가 만든 영화에서 갈등은 등장인물의 깊은 곳에 자리한 감정적인 무언가를 드러내거나 바꾸는 경향이 있다.

이 점이 앞에서 언급한 극적인 위험의 이면이다. 등장인물은 파괴의 위험에 처해야 하지만, 동시에 거기에는 새로운 성장(생성)의 가능성도 있어야 한다. 등장인물이 직면한 위협에서 살아남고, 분투를 통해 더 강하고 완전해질 기회, 어쩌면 앞에서 언급한 기존의 결함을 극복할 기회가 주어져야 한다.

여정의 마지막에 적을 물리치고 난 뒤 주인공은 여전히 비슷한 공격, 비슷한 문제에 타격을 받는다면 어떨까? 그렇다면 그들의 여정은 끝난 게 아니다. 자신들의 삶과 집단을 위협하는 무리를 진정으로 물리치지 못한 것이기 때문이다. 무엇보다 영화가 허무하게 느껴질 것이다. 더 심한 경우도 있다. 〈토이 스토리〉 후반에서 우디가 버즈와 함께, 그리고 앤디의 불안정한 사랑 속에 살아가는 방법을 배우는 대신 그저 버즈를 쫓아내는 데 성공했더라면 어땠을지 생각해보라. 영화는 어떻게 끝났을까? 앤디의 다음 생일에 우디는 그 어느 때보다 초조해하며 새로 들어온 값비싼 장난감을 제거할 계획을 이미 세우고 있었을 것이다. 우디는 성장하는 대신 연쇄 살인범이 되었을 것이다.

이 이야기가 지나치게 추상적이라면 〈벅스 라이프〉를 살펴보자. 영화에서 개미들은 메뚜기 떼에게 음식을 바쳐야 하고 그렇지 않으면 목숨이 위태로워진다. 메뚜기 떼에게 바칠 식량을 잃어버리자 개미들은 목숨을 건지기 위해 더 많은 식량을 구하는 데 집중한다. 오직 플릭만이 메뚜기들을 영영 몰아낼 방법을 고민한다. 개미 집단이 할당량을 채우지 못하고, 메뚜기 떼를 몰아내려는 플릭의 처음 계획이 실패하자 개미들의 생존은 위태로워진다. 메뚜기 떼는 아예 개미들의 서식지를 점령하고 개미들을 노예로 삼는다. 메뚜기 집단의 무자비한 대장인 호퍼는 여왕개미를 죽일 음모를 꾸민다. 상황이 이렇게 된 건 어느 정도는 플릭이 기존의 상황을 바꿔 더 나은 삶을 개척하고자 시도한 결과다.

영화 마지막에 가서 플릭은 개미와 메뚜기 집단의 생각을 바꾸는 데 성공한다. 수많은 개미는 자신들이 지닌 힘을 깨닫고 협력해 적군인 메뚜기들을 서식지에서 몰아낸다. 또한 플릭은 메뚜기 집단의 대장인 호퍼를 죽이는 데도 성공한다. 영화가 그저 다시 식량을 모아 메뚜기 떼를 달래고 끝났더라면 성장의 기회나 시도는 없었을 것이다. 우리는 다음 겨울에 메뚜기 떼가 다시 돌아와 우리가 완전히 몰입해서 봤던 상황들이 다시 반복되겠다는 사실을 깨닫고 영화관을 나왔을 것이다. 그랬다면 영화가 그다지 만족스럽지는 못했을 것이다.

스토리텔링에서 가장 극적인 성장은 개인적으로 이루어진다. 즉 주인공은 자기 안 깊은 곳에 숨은 무언가를 바꿀 때 목표를 달성한다. 이 순간이 대단히 감동적인 이유는 진정한 변화는 이야기 속에서든 현실에서든 극도로 이루기 힘들기 때문이다. 우리는 변화에 저항하며 이야기 속 등장인물 역시 그렇다. 변화에는 위험이 따르기 때문이다. 나쁜 습관을 끊어내려고 노력한 적이 있는가?

아니면 새로운 모험을 시도한 적은? 변화는 미지의 새로운 세계만 데려오는 것이 아니라 비웃음을 당하고 실패할 위험도 함께 가져온다. 또한 우리의 어떤 부분을 무너뜨리게 만든다. 모든 변화는 탄생의 과정일 뿐 아니라 죽음의 과정이기도 하다. 이야기의 등장인물은 그들 내면 깊숙한 곳의 무언가와 작별해야 한다.

〈토이 스토리 3〉에서 우디와 장난감들은 여전히 이전 두 편에서와 같은 마음을 품고 있다. 그들의 가장 큰 욕구는 앤디가 자신들을 가지고 놀고 앤디에게 진심으로 헌신하는 것이다. 그래서 앤디의 결정대로 다락(창고)에서 보내는 삶을 받아들인다. 우디는 앤디와 보냈던 행복한 시절이 지나갔음을 알지만, 여전히 앤디와 대학까지 함께 가며 앤디의 삶의 일부가 되고 싶어 한다. 그러나 영화 마지막에 가서 이런 생각은 바뀐다. 장난감들은 여전히 한 아이에게 소중한 존재가 되기를 갈망하지만 앤디와의 관계가 끝났음을 받아들인다. 시리즈 세 편에 걸쳐 장난감들이 강박적으로 앤디에게 애정을 쏟다 자진해서 앤디와 헤어지는 모습을 지켜보노라면 가슴이 뭉클해진다. 앤디와 대학에 함께 가는 대신 자신을 이웃집 아이 보니에게 주도록 만드는 우디의 선택은 영화 초반에서라면 절대 하지 않았을 선택이다. 장난감들은 수많은 역경과 랏소와 보니를 만난 경험을 통해 흘러가는 대로 놔둬도 괜찮다는 사실을 깨닫는다. 앤디는 어린 시절을 떠나보내야 하고, 장난감들도 앞으로 나아가야 한다. 이 결심 덕분에 장난감들은 결코 생각하지 못했던 방식으로 그들의 목표를 이룬다. 이 변화가 어떻게 죽음이자 탄생의 과정인지 눈여겨보자. 맞다. 장난감들은 문제의 해결책처럼 보이는 새로운 주인을 찾았다. 하지만 이 해결책을 선택하기 위해서는 사랑했던 주인 앤디를 떠나야만 한다. 변화에는 늘 대가가 따른다.

이런 이야기에서 역경은 등장인물이 무언가를 희생하게 하고 또 '죽이게' 만들며, 그 무언가는 우리 관객의 눈에 분명하게 보인다. 〈토이 스토리〉 시리즈의 첫 세 편이 우디와 앤디가 함께 보낸 행복했던 시절을 몽타주처럼 보여주며 시작하는 이유는 우리에게 그런 감정을 느낄 능력을 주기 위함이다.

우리의 주인공이 이야기가 펼쳐지는 동안 변화한다면 주인공의 목표 역시 변할 것이다. 〈카〉에서 주인공 라이트닝 맥퀸의 지배적인 욕구는 피스톤 컵 우승이다. 그러다 천천히 새로운 욕구가 생겨난다. 바로 마을의 믿음직한 주민이 되는 것. 맥퀸은 평생 처음으로 한 집단의 일원이 되고 싶어 하지만, 맥퀸이 여전히 이기적이고 허영심 가득한 자동차라면 그 집단은 맥퀸을 받아주지 않을 것이다. 영화의 마지막 부분에서 맥퀸은 두 가지 욕구 중 하나를 선택해야 하는 상황에 처하고, 결국 새로운 욕구를 선택하며 피스톤 컵 우승을 포기한다. 이 변화는 맥퀸이 영화 전체에서 직면한 갈등이 없었더라면 일어나지 않았을(혹은 타당해 보이지 않았을) 것이다.

이야기 속 갈등이 그저 등장인물의 능력을 보여주거나 그 능력을 최대한 발휘하게 만드는 역할에 그친다면 절반만 성공한 것이다. 불편함을 점차 키우고, 등장인물로 하여금 앞길을 가로막는 마음의 짐을 내려놓고, 스스로를 새롭게 세워 위협에 맞서고 그로부터 영영 벗어나게 해보자.

- -

- 갈등은 대립하는 두 힘의 충돌이며, 이 충돌은 관객에게 극적인 질문을 던진다. '어느 힘이 이길까?'
- 픽사의 영화는 대개 생사가 걸린 상황을 다양하게 넣어 위험한 세계를 묘사한다. 이러한 종류의 갈등은 흥미진진하며 쉽게 공감을 불러일으킨다.
- 한편, 픽사는 어김없이 관객에게 깊은 감정적 영향을 미치고자 한다. 이 목표를 이루고자 픽사는 강한 내적 갈등을 만들어낸다. 이러한 종류의 갈등은 만들고 풀어내기가 어렵다. 그러한 갈등은 반드시 등장인물의 견해와 신념에 바탕을 두어야 하며, 대부분 등장인물의 정체성을 이루는 소중한 무언가를 잃을 위험에 처하게 만들어야 한다.
- 내면에서 투쟁하는 감정적 힘을 표현하기 위해서는 외적으로 표현되는 영화적 요소를 통해 갈등을 표현해야 한다. 이 요소는 다른 등장인물, 기억을 떠올리게 하는 표식, 대사, 상징체계 등 관객이 분명히 이해할 수 있는 것이어야 한다.
- 상황을 극단적으로 설정하면 등장인물이 겪는 힘겨운 투쟁의 깊이를 효과적으로 전달할 수 있다. 생사 문제 이상의 갈등, 등장인물에게만 해당하는 지옥이나 천벌을 그려내면 이야기는 더 크고 풍성해진다. 이 특정한 세계에서 이 특정한 등장인물에게 지옥이 무엇일지 질문하는 과정 역시 더 독창적인 상황과 위협을 탄생시켜 이야기를 돋보이게 만들어줄 것이다.
- 좋은 갈등은 파괴와 성장의 기회를 동시에 만들며, 이때

대립하는 두 힘의 대비를 강화하는 효과가 있다.

- 성장은 오직 변화를 통해서만 일어날 수 있으며, 이 변화
는 등장인물과 사람들이 본능적으로 꺼리는 일이다. 따라
서 이야기 속 갈등의 수준은 이 갈등이 등장인물에게 그
럴듯한 변화를 일으키느냐로 평가된다. 변화는 갈등의 평
가 기준이다.

✎ 적용: 〈인사이드 아웃〉

〈인사이드 아웃〉은 위험을 대단히 은밀하게 숨기고 있다.
라일리의 마음속 세계의 의미와 구조를 명확하게 설정함으로
써 영화는 라일리의 감정적 변화와 감정들이 처한 생사가 걸
린 상황을 영리하게 연결하며 갈등을 극대화한다. 라일리가
부모님의 돈을 훔칠 때 라일리의 성격섬 중 하나(정직섬)가 무
너지며 하마터면 기쁨이와 슬픔이, 빙봉은 죽을 뻔한다. 이처
럼 이야기의 배경을 등장인물의 마음속으로 설정하는 것보다
내적 갈등을 표면화하는 더 좋은 방법이 있을까?

영리하게도 이는 반대로도 작용한다. 기쁨이의 탐험은 라
일리의 정신 건강에 큰 영향을 미칠 수 있다. 기쁨이는 라
일리를 행복하게 만든다. 기쁨이가 본부로 영원히 돌아가지
못한다면 라일리는 두 번 다시 기쁨을 느낄 수 없을지도 모
른다.

물론 우리의 주인공들은 목숨 이상의 것을 건다. 빙봉은 단
지 죽음이 아니라 기억에서 잊히는 것을 두려워한다. 평생의

사명이자 유일한 삶의 목적이었던 라일리와 함께 보낸 시간이 완전히 사라지는 것을 무서워한다. 이 때문에 빙봉이 결국 기억의 매립지에서 죽어갈 때 그 희생의 의미가 한 겹 더해지며 빙봉이라는 캐릭터의 변화, 즉 캐릭터 아크*를 더 감동적으로 만들어준다.

또한 〈인사이드 아웃〉에는 픽사의 영화에서 가장 가슴 아픈 천벌의 사례 중 하나가 등장한다. 기쁨이와 슬픔이는 영화 내내 라일리가 어떤 감정을 느껴야 하는지를 놓고 옥신각신한다. 결국 둘은 라일리가 슬픔을 느끼는 것은 라일리가 아무런 감정을 느끼지 못하는 순간에 비하자면 꿈 같은 일임을 깨닫는다. 영화 3막에서는 감정 제어 본부의 제어판이 고장나 작동을 멈추는데, 이는 우울증을 은근히 은유하는 장면이다. 이는 감정들에게 일어날 수 있는 최악의 상황이다. 라일리는 더 이상 아무런 감정도 느끼지 못한다. 라일리에게 감정을 느끼게 하지 못한다면 감정들이 존재해야 할 이유가 있겠는가?

이 장면은 성장과 파괴의 가능성을 이용한 **훌륭한** 사례이기도 하다. 라일리의 머릿속은 영화 내내 거의 무너져 내린다. 핵심 기억이 사라지고 성격섬이 무너지면서 라일리의 핵심 정체성이 흔들린다(아름다운 시각적 은유다). 그리고 3막에서 라일리는 아무런 감정도 느끼지 못한다. 이 상황에서 벗어나려면 분명 격렬한 변화, 어쩌면 우리의 주인공 감정들이 한번도 시도해보지 않은 어떤 변화를 겪어야 할 것이다.

성장은 기쁨이가 라일리의 감정을 다른 감정들, 특히 슬픔

---

* 캐릭터 아크character arc. 이야기 전개에 따른 캐릭터의 변화. 주로 성격이나 관점과 같은 내면의 변화를 말한다.

이와 함께 통제하는 법을 배우면서 일어난다. 이 같은 변화는 새로운 모습의 기억 구슬들로 시각화된다. 영화는 기억의 선반이라는 대단히 강렬한 이미지를 만들어낸다. 선반 위 구슬들은 두 가지 이상의 색깔로 이루어져 감정들끼리 새롭게 협력하고 있음을 보여준다. 여기서 영화의 핵심 주제는 아무런 감정을 느끼지 못하는 상태가 분노, 두려움, 혐오를 느끼는 상태보다 훨씬 나쁘다는 사실이다. 마지막에 영화는 새롭게 만들어진 여러 성격섬들과 더 커진 새 제어판으로 일하는 감정들의 모습을 통해 라일리가 감정적으로 성장했음을 나타낸다.

또한 픽사는 기대감을 능수능란하게 다루며 여러 사소한 갈등을 지혜롭게 심화시킨다. 이사할 새로운 집에 대해 라일리의 감정들이 품는 환상과 기대는 너무 유쾌하고 터무니없어서 라일리는 실제로 도착한 밋밋한 집에 실망하게 되고 관객에게는 더 큰 영향을 미친다. 등장인물과 관객에게 좋거나 나쁜 일이 생기기 전에 정반대의 기대를 불어넣어 효과를 극대화해보자.

- -

1. 여러분의 이야기에서 제일 극적인 질문은 무엇인가?

2. 관객이 끝까지 집중해서 답을 찾아야 하는 질문은 무엇인가?

3. 그 질문에는 어떤 감정적인 요소가 있는가?

4. 이야기가 펼쳐지는 물리적 세계 안에서 이러한 내적 투쟁을 표현할 독창적이고 자연스러운 방법은 무엇인가?

5. 이야기 안에서 등장인물을 파괴할 수 있는 존재는 무엇인가?

6. 이야기 안에서 등장인물로 하여금 새롭고 더 강한 무언가를 만들어내게 할 존재는 무엇인가?

7. 등장인물은 자신이 직면하는 갈등을 통해 확실하고 눈에 띄게 변화하는가?

"나는 착한 상어다. 뭐든 닥치는 대로
먹어 치우는 먹보가 아니다."

— 〈니모를 찾아서〉, 브루스

5장

빌런

적대 세력에 대한 이야기

적대 세력antagonism은 주인공과 주인공의 목표를 가로막는 모든 것을 가리킨다. 이는 특정 등장인물, 물건, 개념, 심지어 주인공 자신이 될 수도 있다. 〈니모를 찾아서〉에서 가장 큰 적대자는 그야말로 바다다. 바다의 크기, 바다에 사는 생물, 길을 잃기 쉬운 점 모두 해당한다. 이동 거리 역시 말린이 극복해야 하는 적대 세력이라고 할 수 있다.

적대자는 때로 세상이 불타는 광경을 지켜보면서 미친 듯이 낄낄대는 〈오스틴 파워〉의 빌런 닥터 이블처럼 뼛속까지 사악한 캐릭터의 모습으로 등장한다. 하지만 대개는 무심코 주인공의 삶을 더 힘들게 만드는 별 악의 없는 캐릭터다.

'사악한' 적대자 대
'골칫거리' 적대자

적대적 캐릭터를 이야기할 때는 '사악한' 적대자와 '골칫거리' 적대자를 구분해야 한다.

'사악한' 캐릭터는 도덕적인 옳고 그름이나 공정함을 고려하지 않고 타인의 고통에 무관심하거나 심지어 즐거워한다. 그럼에도 그런 행동을 하는 사연과 이유가 있어야 한다. 〈토이 스토리 3〉의 적대자 랏소의 행동은 변명의 여지가 없지만, 과거의 안타까운 사연 덕분에 풍성하고 다층적인 캐릭터로 완성된다. 랏소의 행동은 악랄하기는 하지만 우리가 잘 알고 공감할 수 있는 가슴 아픈 상황에서 비롯되기 때문이다. 덕분에 랏소와 주인공 장난감들의 관계는 단순히 '어느 쪽이 이길까?'보다 더 복잡하며 그들의 싸움은 더 의미가 깊다. 주인공을 흥미롭게 만드는 모든 요소, 가령 기존의 결점, 과거의 경험, 관점, 특이사항 등은 빌런들도 가지고 있어야 한다.

빌런이 주인공의 삶을 힘들게 만드는 이유는 악의적인 행동을 즐기거나 타인의 행복보다 자신의 즐거움을 우선시하기 때문이다. 그러나 어떤 적대자들은 의도는 선할지라도 본의 아니게 우리의 주인공을 슬프게 만든다. 이들을 '골칫거리'라고 부르기로 하자.

〈업〉에는 두 부류의 적대자가 나온다. 모험가 찰스 먼츠는 픽사가 만든 명백한 빌런 중 하나다. 맞다. 먼츠에게도 나름의 이유가 있다. 먼츠는 희귀종 새인 케빈이 존재한다는 사실을 세상에 증명해 명성을 되찾으려고 하지만, 이를 위해 케빈을 잡아 가두고 칼과 러셀을 죽이려고까지 한다. 이렇게 타인에게 입히는 피해에 무관심할 때 우리는 그 사람을 쉽게 '빌런'으로 분류할 수 있다. 하지만 〈업〉에는 또 한 명의 중요한 적대자가 나온다. 바로 러셀이다. 러셀의 천진난만함과 굳은 의지, 보이스카우트로서의 가치는 현실 세계와 등지고 절망에 빠져 있으려는 칼의 시도를 거듭 좌절시킨다. 러셀의 고의는 아니다. 러셀은 칼과 심리전을 벌이거나 그의 개인적 성장을 지혜롭게 도우려는 의도가 없다. 그저 필요한 때에 필요한 장소에 있는 것뿐이다.

픽사의 영화에는 보통 두 명의 주요 적대자가 등장한다. 〈토이 스토리〉의 시드와 버즈, 〈토이 스토리 2〉의 광부 피트 아저씨와 제시, 〈벅스 라이프〉의 호퍼와 아타 공주, 〈몬스터 주식회사〉의 랜달과 부처럼 하나는 악의적인 사악한 적대자이고 하나는 호의적인 골칫거리 적대자다. 〈라따뚜이〉에는 세 명의 주요 적대자가 나온다. 하나는 사악한 적대자 스키너고, 하나는 호의적인 적대자 링귀니고, 남은 하나는 안톤 이고다. 이고는 스키너나 먼츠처럼 악의적이지는 않지만, 호의적이라고 할 수도 없다. 이고는 더 복잡한 종류의 적대자다.

 ## '이로운' 적대자

'이로운' 적대자는 겉보기에는 '악의적' 그룹에 속한다. 이런 빌런들은 심술궂고, 자신이 유발한 타인의 고통에 무관심하고, 심지어는 공포스럽다. 이로운 적대자가 먼츠나 호퍼처럼 악의적인 적대자와 다른 점은 그들의 핵심적인 신념이 선하며 자신이 속한 사회에 도움이 되고자 애쓴다는 점이다. 이는 중요한 부분이다. 이런 캐릭터들은 전적으로 이기적인 존재가 되지는 못한다. 〈벅스 라이프〉 속 호퍼의 계획은 메뚜기들의 삶을 편하게 만들지만, 개미들의 삶을 무자비하게 파괴한다. 반면 〈라따뚜이〉의 안톤 이고와 〈몬스터 대학교〉의 하드스크래블 학장 같은 이로운 적대자는 착하지는 않지만, 긍정적인 핵심 가치를 지니고 있다. 그들은 결코 부당하게 누군가를 공격하지 않으며 사람들을 해치는 일을 즐기지도 않는다. 그들은 윤리적 기준을 지키며 결코 넘지 않는 선이 있다(가령 〈몬스터 주식회사〉에서 몬스트로폴리스의 에너지난을 해결할 수 있다면 기꺼이 인간 아이를 괴롭힐 준비가 된 워터누즈와는 다르다).

하드스크래블 학장과 안톤 이고는 모두 자신들이 입히는 피해를 신경 쓰지 않는다. 이고는 자신이 남긴 혹평 때문에 구스토가 힘들어하다가 죽은 사실을 아랑곳하지 않는다. 하드스크래블은 자신이 매정하게 내쫓는 학생들의 감정에 조금도 관심이 없다.

하지만 둘 다 자신들의 신념을 확고히 지킨다. 이고가 설명하듯 그는 단순히 음식을 좋아하는 정도가 아니라 사랑한다. 이고는 훌륭한 음식을 찾아 칭찬하고 형편없는 음식을 만든 사람들에게 경고하는 것이 자신의 일이라고 믿는다. 이고는 평생 이 일을 하며 살아온 사람이다. 맞다. 이고는 또 엄청나게 오만하고 무례하다. 그 때문에 자신이 혹평했던 구스토의 식당에 다시 손님들이 몰리자 짜증을 낸다. 형편없는 레스토랑인데 어떻게 다시 인기가 많아진 거지? 그는 이 상황을 바로잡으려 한다. 하지만 이고는 스키너가 한 것처럼 링귀니와 레미를 무너뜨리러 가지 않는다. 이고는 링귀니와 레미가 자신들의 가치를 증명해 보이고 이고에게 (그들의 맛있는 음식과 요리에 대한 재능을 알리는 방식으로) 세상을 더 나은 곳으로 만들 기회를 줬을 때 사실상 둘의 구원자가 된다. 이고에게는 자기 잇속만 챙기는 스키너의 행동을 넘어서는 진정성이 있다.

하드스크래블 학장도 아주 비슷하다. 학장의 일은 겁주기 몬스터가 될 잠재력을 가진 인재들을 찾아내 그 잠재력을 최대한 발휘하도록 돕는 것이다. 기술이든 체격이든 필요한 자질을 갖추지 못한 몬스터는 학장 자신과 학교의 자원을 낭비하는 존재다. 따라서 다른 겁주기 몬스터, 더 나아가 몬스트로폴리스 전체에 피해를 주는 존재들이다. 학장은 말과 태도는 매정하고 무자비할지 모르지만 다른 이로운 적대자들처럼 오직 자신의 원칙에 따라서만 행동하며 다른 사람의 고통을 보면서 기쁨을 느끼지는 않는다. 그리고 레미가 이고에게 그랬듯 우리의 용감한 주인공 몬스터들은 결국 학장을 자기 편으로 만든다.

누군가는 사악한 적대자를 포함한 모든 빌런에게 본인의 행동이 옳다고 믿게 만드는 가치 체계가 있다고 반박할 수 있을 것이고, 실제로 그게 사실이기도 하다. 사악한 적대자의 차이가 있다면 대개 이런 가치가 자기중심적이거나 그릇되며, 증오나 다른 사람의 고통을 즐기는 성격을 바탕으로 한다는 점이다. 이로운 적대자는 진정으로 이타적인 동기를 품고 있다. 이런 빌런은 주인공의 삶을 힘들게 하고 심지어는 적이 될 수도 있지만, 엄격한 진실함으로 자기가 속한 사회에서 중요한 역할을 한다.

 ## 주인공을 비추는 거울로서의 적대자

어떤 적대자는 주인공과 주제 면에서 연결된 관계에 있다. 이 적대자들은 우리 주인공들의 내면 가장 깊숙한 곳에 숨은 두려움을 보여주거나, 아니면 적어도 주인공들의 잘못된 생각이나 약점을 제대로 볼 수 있게 해주는 왜곡된 거울상 역할을 한다.

적대자의 이런 역할은 〈토이 스토리 2〉와 〈토이 스토리 3〉에서 대단히 잘 드러난다. 광부 피트 아저씨와 테디베어 랏소는 주인에게 버림을 받아 상처 입은 장난감들이다. 둘은 우디와 버즈를 자기편으로 끌어들이려 그들을 위로하며 이야기를 들어준다. 이들과 우디는 처음엔 닮은 구석이 많아 보인다. 하지만 이 적대자들은 우디와 장난감들에게 그들 세계에 기존하는 결점을 해결하지 않으면 그들이 어떻게 될지 보여주는 존재임이 금세 분명하게 드러난다. 우디가 앤디 없이 사는 방법을 찾지 못하면 피트 아저씨와 랏소 같은 처지가 될 것이다. 즉 원망에 가득 차서 다시는 버림받지 않기 위해 어떤 일이든 가리지 않고 하는 장난감이 될 것이다.

혹은 〈코코〉에 등장하는 미구엘과 에르네스토 델라크루즈를 생각해보자. 미구엘은 음악에 대한 열정과 잠재력을 좇는 것을 반대하는 가족 때문에 좌절하고, 음악의 꿈을 좇으면 가족과 멀어질까 두려워한다. 델라크루즈는 큰 인기를 누린 가수로, 그가 걸어간 음악 인생이 미구엘의 궁극적인 꿈이다. 하지만 델라크루즈는 혼자이고, 친하게 지내는 사람도 가족도 없다. 심지어 우리는 그가 자신의 친구를 살해했다는 사실까지 알게 된다. 델라크루즈는 미구엘이 겪는 갈등의 최극단에 있다. 즉 자신의 꿈을 좇느라 모든 종류의 공동체와 가치를 외면한 것이다. 이런 거울상의 관계는 〈인크레더블〉의 미스터 인크레더블과 신드롬, 〈라따뚜이〉의 구스토와 이고,

〈월-E〉의 월-E와 오토, 〈업〉의 칼과 먼츠, 〈메리다와 마법의 숲〉의 메리다와 모르두에게서 찾을 수 있다.

✏ **요약**

- - 카리스마 넘치고 기분 나쁘게 킬킬거리는 빌런은 큰 재미를 줄 수 있다(특히 스티브 부세미나 켈시 그래머가 목소리 연기를 한다면). 어떤 이야기에는 이런 빌런이 필요할 것이다.
- - 많은 적대자가 선의를 품고 있으며 복합적인 캐릭터가 될 수 있다는 사실을 명심하자.
- - 주인공의 길을 방해하는 적대 세력을 고민할 때 빌런에 국한하지 마라. 친구, 조연, 심지어 환경 자체도 풍부한 극적 소재가 될 수 있다.

✎ 적용: 〈인사이드 아웃〉

〈인사이드 아웃〉에는 빌런이 등장하지 않는다. 기쁨이를 방해하는 적대 세력은 라일리의 머릿속 험난한 지형과 그곳에 사는 존재들이다. 〈니모를 찾아서〉 속 드넓은 바다에서 말린이 만나는 장애물과도 비슷하다. 슬픔이 역시 문제를 일으키는 강력한 적대자다. 슬픔이가 손을 대면 라일리가 슬퍼지는데, 이는 기쁨이가 제일 피하고 싶어 하는 상황이기 때문이다.

마지막으로, 기쁨이가 자기 역할을 잘못 생각하고 있는 것 자체도 기쁨이의 목표를 방해한다. 그는 라일리를 끝없이 행복하게 만드는 것이 최선이라고 생각한다. 어떤 면에서는 이 믿음이 전체 이야기를 끌고나간다. 동시에 이 믿음은 바로잡아야 하는 기존의 결점이다. 기쁨이는 삶에는 행복뿐 아니라 더 많은 감정이 있다는 사실을 깨달은 뒤에야 여러 감정으로 이루어진 새로운 머릿속 세계를 받아들이고 슬픔이에게 라일리의 머릿속에서 자기 역할을 하도록 허락한다. 덕분에 라일리는 감정적으로 성숙해지고 샌프란시스코로 이사하면서 겪은 위기를 극복한다.

또 다른 갈등들은 라일리의 삶의 차원에 존재한다. 바쁜 부모님, 새로운 학교, 치밀어 오르는 슬픔 등이 그렇다. 앞에서 언급했듯, 라일리가 맞닥뜨리는 이 모든 감정적 어려움은 그의 머릿속 세계를 위태롭게 하는 문제가 되고 이 문제가 또다시 라일리의 삶을 힘들게 한다.

- -

1. 여러분이 만들어낸 등장인물 중 누가 주인공의 삶을 방해하는가?

2. 그들은 그저 악을 위한 악인가, 아니면 이유가 있는 악랄함인가?

3. 어떻게 하면 그들을 더 설득력 있고 공감 가는 캐릭터로 만들 수 있을까?

4. 그들을 주인공에게 반대하는 입장을 취하게 만들면서 동시에 호의적으로도 만들 수 있는 방법은 무엇인가?

5. 주인공과 같은 편인 캐릭터들은 계속해서 그들을 돕는가, 아니면 힘들게 하기도 하는가?

"저런 부류는 내가 잘 알아.

레이싱카. 이 마을에서는 제일 쓸모없는

부류지."

— 〈카〉, 닥 허드슨

6장

캐릭터
설계하기

기계 장치처럼
효율적인 스토리

1장에서 〈라따뚜이〉의 모든 순간이 영화의 핵심 아이디어와 어떻게 연결되는지 살펴봤다. 픽사의 모든 영화가 그렇다. 픽사의 영화는 모든 부품이 동시에 효율적으로 작동하는 하나의 복잡한 기계 장치처럼 느껴진다. 모자라지도 넘치지도 않고 모든 요소가 정해진 기능을 한다.

모든 대사, 등장인물, 주제, 정보 등 스토리에 들어가는 모든 요소는 일정한 기능을 해야 하며 원대한 계획의 한 부분이어야 한다. 이 말은 대개 스토리 속에 이미 존재하는 요소를 최대한 활용하는 방법을 찾아야 한다는 의미다. 〈니모를 찾아서〉에서 니모는 한 치과의 어항에 갇힌다. 픽사는 거기서 그치는 대신 이 새로운 설정에 아주 신중하게 재미와 의미를 불어넣는다. 어항에서 만난 새 캐릭터들은 고유한 개성을 지닌 존재로 설계되며 웃긴 행동을 한다. 어항에서의 탈출을 계획하는 흉터가 있는 물고기 길은 그보다 더 중요한 특징을 부여받는다. 길은 말린과 대비를 이루는 존재다. 길은 니모에게 위험할지라도 한계에 도전해보라고 부추긴다. 길의 지느러미에 난 흉터는 니모와 길 사이의 연대감과 유사성을 만들어낸다. 한쪽 지느러미가 작은 니모는 스스로를 약하고 장애가 있는 물고기라고 생각하도록 길러졌지만, 길은 니모와 자신이 가진 장애를 인정하기를 거부한다. 니모는 자신이 처한 상황을 다른 시각으로 보는 길 덕분에 자존감과 용기를 찾는다.

〈인크레더블〉의 캐릭터를 만들 때 작가들은 히어로 가족이 자신들의 초능력을 각자 다른 시각으로 보도록 설계했다. 밥은 영웅으로 살았던 영광스러운 시절을 그리워하고 초능력자들을 깔아뭉개는 사회를 안타까워한다. 헬렌은 슈퍼히어로로 살았던 과거를 기꺼이 떠나보낸다. 초능력 때문에 자신의 가족이 조용하고 안정된 생활을 하기 힘들다고 느끼기 때문이다. 아들 대쉬는 자신의 초능력을 자랑스러워하지만, 그 능력에 존중이나 책임감이 따라야 한다고 느끼지는 않는다. 딸 바이올렛은 자신이 가진 능력을 두려워해서 그 능력을 제대로 쓰지 못한다.

이 가족의 서로 다른 시각은 밥이 비밀의 섬으로 소환되는 메인 플롯이 시작될 때까지 〈인크레더블〉에 극적 요소를 불어넣는다. 가족끼리 갈등하는 이 장면은 평범함, 남다름, 능력과 관련한 영화의 주제를 생각해볼 기회를 준다.

플롯 기능을 하는 캐릭터

이야기 속 등장인물은 대부분 주인공과 의미 있는 관계를 맺는다. 그들은 주인공의 친구, 연인, 멘토, 또는 적일 것이다. 하지만 어떤 등장인물은 단순히 스토리에 필요한 기능을 수행하는 역할을 한다. 이런 인물들을 신경 써서 설계해야 한다. 그래야 그들이 활용되는 방식이 너무 작위적이지 않을 수 있다.

〈메리다와 마법의 숲〉에서 메리다는 자신의 운명이 바뀌기를 간절히 바란다. 이 바람이 메리다를 마녀에게로 이끈다. 이 마녀에게는 중요한 신념이 없다. 또 마녀는 이야기 속 누구에게도 중요한 장애물이 아니며 어떤 등장인물과도 의미 있는 유대 관계를 맺지 않는다. 마녀가 하는 일, 즉 플롯에서 마녀의 역할은 메리다의 소원을 들어주고 이후 그 마법을 풀 수 없다는 사실을 경고하는 것뿐이다.

그럼에도 픽사는 나름의 사연이 있어 보이는 캐릭터를 만들어냈다. 마녀는 마녀 일을 접고 조각가가 되려고 애쓴다. 자신의 마법에 대해 "불평하는 고객이 너무 많아서"다. 마녀는 목재 박람회에 참석하려고 길을 떠난다. 픽사는 심지어 마녀를 곰에게 이상하리만치 애착을 품는 캐릭터로 그린다. 이런 사소한 설정으로 마녀는 재미있고 독특한 캐릭터가 된다. 덕분에 이 마녀는 이야기가 생긴 이래 길 잃은 영웅들의 소원을 들어준 수많은 마녀와 마법사들 사이에서 독보적인 캐릭터로 그려진다.

〈니모를 찾아서〉에는 도리와 말린의 여정을 방해하는 캐릭터가 줄줄이 등장한다. 채식주의자 상어는 일반적인 상어보다 더 흥미롭고 독창적이다. 해류를 타고 이동하는 바다거북은 우리의 주인공들을 시드니까지 태워다줄 뿐 아니라 해류를 타는 중요한 요령도 몇 가지 알려준다.

중요하지 않은 등장인물은 없다는 사실을 반드시 명심하자.

픽사의 이야기가 큰 성공을 거두는 큰 이유는 그들이

만든 세계의 모든 캐릭터와 디테일을 독창적이고 재미있게 만드는 데 혼신의 힘을 기울이기 때문이다. 픽사의 세계에 사는 모든 캐릭터는 기발한 상상력의 결과다. 자기 일을 지나치게 열심히 하는 작은 청소 로봇(〈월-E〉)이나 벼룩이 운영하는 서커스단의 속물 단장(〈벅스 라이프〉) 등이 대표적이다.

 ## 진실되게 써라

자기만의 고유한 신념과 특징을 가진 흥미로운 등장인물을 만드는 건 중요하지만, 절대 독특하거나 '쿨하게' 보이려고 진실됨을 내려놓지는 마라. 모든 등장인물은 현실에 실재하는 진실된 감정을 품고 있어야 한다. 〈몬스터 대학교〉의 하드스크래블 학장은 외양과 행농은 무섭지만, 그의 교육 방식은 대단히 현실적이며 충분한 고민을 거친 교육적 관점에 뿌리를 두고 있다. 아마 다들 하드스크래블 학장같이 신념을 가진 교사를 한 번쯤 만나본 경험이 있을 것이다.

〈업〉에서 칼이 자신의 집에 수많은 풍선을 매달아 살

던 도시를 떠나는 시퀀스는 독창적이고 흥미진진하고 짜릿하고 감동적이다. 동시에 이 설정은 말이 되지 않는다. 누가 무슨 이유로 집을 타고 날아가겠는가? 남아메리카행 비행기가 없나? 그냥 다른 지역으로 이사를 가면 안 되나? 등장인물이 하기에 터무니없는 행동이다. 그래서 〈업〉은 이 시퀀스를 설정하는 데 20분을 쓴다. 우리는 칼과 엘리가 함께 보낸 삶과 둘이 나눈 깊은 사랑을 목격한다. 어떻게 해서 함께 파라다이스 폭포로 가는 꿈을 갖게 됐는지, 삶이 어떻게 너무 늦어버릴 때까지 그 꿈을 미루게 만들었는지 알게 된다. 또 우리는 현재 칼의 우울한 삶과 법원에서 칼에게 양로원에 들어가라는 판결을 내린 사실, 칼의 집이 무자비한 사업가의 손에 철거될 예정이라는 소식도 접한다.

이런 상황을 생각하면 칼의 행동은 완벽하게 이해가 된다. 칼은 풍선 판매원으로 일했던 능력을 활용해 어떤 행정 당국도 거치지 않고 법원의 판결을 피해 탈출한다. 칼은 여전히 엘리와 함께 보낸 삶의 의미 있는 순간을 꽉 붙들고 둘이 함께 꾼 꿈을 이루는 여행을 시작한다.

원대한 꿈을 가지고 기발한 사건과 등장인물을 상상하는 것은 중요하다. 그러나 이 못지않게 이런 순간들에

진실되고 공감되는 감정을 덧입히는 것 또한 중요하다.

개성이 뚜렷한
캐릭터 설계하기

픽사는 서로 다른 다양한 캐릭터를 상상해 내는 일을 기막히게 해낸다. 그리고 당연히, 다양한 형태와 크기의 벌레, 몬스터, 장난감, 슈퍼히어로, 로봇, 물고기, 자동차가 존재하여 개성 있는 캐릭터를 상상할 가능성이 풍부한 세계를 선택한다. 캐릭터의 외형은 성격과 행동에 영향을 주거나 그에 어울리도록 설계된다. 〈몬스터 주식회사〉의 악랄한 괴물 랜달 보그스는 파충류처럼 스르르 움직인다. 호감형 캐릭터인 설리는 뿔이 달려 있을 뿐인 대형 테디베어다. 위협적이지 않은 마이크의 생김새는 겁주는 능력이 없는 마이크의 이야기를 다루는 〈몬스터 대학교〉의 뼈대를 이루는 설정이다. 〈토이 스토리 3〉에서 픽사는 용수철이 달린 강아지 장난감 슬링키와 신체 부위가 탈부착되는 미스터 포테이토 헤드의 독특한 능력을 백분 활용한다(토르티야 장면이 좋은 예다). 캐릭터 디자인으로 얻을 수 있는 여러 가능성을 반드시 활용해야 한다.

인간 캐릭터를 설계할 때도 마찬가지다. 메리다의 사랑을 차지하기 위해 경쟁을 벌이는 왕자들을 생각해보라. 그들의 다양한 체격과 말투, 태도는 영화에 풍성한 결을 덧입히며 〈메리다와 마법의 숲〉 속의 세계를 생생하게 만든다.

등장인물의 외모와 정서를 각기 다르게 설정하자. 농부든 금융 브로커든 배우든 요리사든 반드시 각각의 캐릭터를 눈에 띄게 만들어라.

✏ 요약

- 스토리를 효율적으로 작동하는 기계 장치처럼 다루자. 스토리의 각 요소를 신중하게 다루고, 원대한 계획의 일부가 되게 만들어라. 그 무엇도 모자라거나 넘쳐서는 안 된다.
- 등장인물을 설계할 때는 특히 더 그렇다. 장애물, 기폭제 등 플롯상의 구체적인 기능을 수행하는 캐릭터들은 섬세하게 다뤄져야 하고 각자의 사연과 성격을 지니고 있어야 한다.
- 절대 독창성과 매력을 살리려고 진실됨을 포기하지는 마라. 얼마나 대단한 등장인물을 만들든 최선을 다해 그 인물이 여러분이 만든 세계의 진실된 감정을 품고 있게 하라.

✎ 적용: 〈인사이드 아웃〉

- -

〈인사이드 아웃〉에 나오는 감정들의 겉으로 드러나는 특징은 훌륭하게 디자인됐다. 각 감정은 저마다 다른 방식으로 감정의 특성을 담아낸다. 버럭이는 이름 그대로 씩씩거리며 화를 낸다. 기쁨이는 밝고 쾌활하다. 기쁨이, 슬픔이, 버럭이 등이 캐릭터들은 다소 추상적이기 때문에 그들이 세상을 바라보는 관점은 대단히 선명하다. 모든 등장인물이 스토리 안에서 확실한 관점과 기능을 가지고 있다고 한다면, 이 캐릭터들처럼 순수한 감정들은 애초에 그 모두를 내재하고 있다. 각감정은 나름의 관심사가 있다. 소심이에게는 매일 라일리가생존해 있는 것이 최고의 목표고, 버럭이는 모든 것이 공평하기를 바란다.

물론 라일리의 머릿속에 이 감정들만 사는 건 아니다. 많은일꾼이 머릿속 세계에 살면서 우리 주인공들의 여정을 앞으로 나아가게도 하고 가로막기도 한다. 픽사는 대개 유머를 통해 이 캐릭터들의 기능을 숨긴다. 라일리의 무의식 속에서 흥분한 광대가 방을 탈출하는 동안 모자를 두고 입씨름을 벌이는 경비원들, 할리우드를 패러디한 라일리의 꿈속 세계, 또는라일리의 상상이 만들어낸 구름 도시에서 살인 사건을 조사중인 비정한 형사를 생각해보자. 모두 단역이지만, 플롯을 끌고 나가기보다는 우리에게 통찰이나 웃음을 줄 목적으로 만들어진 캐릭터들이다.

- -

1. 여러분의 이야기 속 등장인물과 설정을 검토해보자. 모두 핵심 아이디어와 관련이 있는가?

2. 무언가 빠진 부분은 무엇인가?

3. 빼도 무방한 부분은 무엇인가?

4. 그저 습관적으로나 의무적으로 넣은 요소는 무엇인가?

5. 어떻게 하면 등장인물을 흥미롭고 구체적이고 재미있게 만들 수 있을까?

6. 등장인물의 진실된 감정은 보여주지 않고 그저 매력 요소를 위해 집어넣은 부분이 있다면 무엇인가?

7. 어떻게 하면 이런 점들을 바로잡을 수 있을까?

"오래 전 세상은 놀라움으로 가득했어.
모험이 있었고, 흥미진진했지. 무엇보다
마법이 있었어."
— 〈온워드: 단 하루의 기적〉, 월든 라이트풋

7장

세계관
형성하기

구성원리

　　픽사는 독창적이고 아름다우며 때로는 복잡한 세계관을 만들어내기로 유명하다. 픽사는 우리를 우리의 머릿속(《인사이드 아웃》), 죽음 이후의 세계(《코코》), 탄생 이전의 세계(《소울》), 우리 침대 밑 몬스터들이 사는 곳(《몬스터 주식회사》)을 포함한 다양한 상상의 세계로 우리를 데려간다. 이 같은 상상 속 세계는 늘 새롭고 생생하고 그럴듯하며 실제로 가볼 수도 있는 곳처럼 느껴진다. 그 비결이 뭘까?

　　픽사가 만드는 다양한 세계의 한 가지 공통점은 인간의 평범한 경험과 잇닿은, 손 뻗으면 닿을 듯 가까운 곳에 존재한다는 점이다. 앤디의 방에 카메라를 숨겨 놓으면 우디와 버즈가 말다툼하는 장면이 보이고, 마법의 문을 열고 들어가면 설리와 마이크를 만나게 될 것이다. 맨해튼 길모퉁이에서 광고판을 돌리는 히피에게 말을 아주 길게 하면 '어둠의 구역'에 있거나 길을 잃은 영혼들을 보여줄 것이다. 이 같은 선택은 이런 세계를 더 쉽게 알아보게 하고 관객이 금방 공감할 수 있게 만들어 대개는 아마도 우리가 계속 품고 있었을 질문에 답을 준다.

예외는 〈카〉와 〈엘리멘탈〉일 것이다. 〈카〉의 세계관에서 인간은 모두 어디로 갔냐는 논리적인 의문은 온라인상에서 많은 추측과 토론을 이끌어냈으며, 〈엘리멘탈〉은 개봉 직후 관객의 공감을 불러일으키고자 애를 써야 했다(물론 〈엘리멘탈〉의 핵심 메시지와 매력, 그리고 그 중심이 되는 감동적인 사랑 이야기에 대한 입소문이 돌며 영화는 큰 성공을 거뒀다). 개봉 초기에 영화가 관객의 공감을 얻지 못한 한 가지 이유는 픽사가 만드는 새롭고 복잡미묘한 세계, 판타지 세상에서의 거창한 모험을 기대한 관객과 세계관보다는 가족, 사랑, 편견 같은 주제에 집중하려는 영화 사이에 거리가 있었기 때문이다. 〈엘리멘탈〉은 영화에 등장하는 사회계층을 감동적으로 묘사하며 불 원소들의 이주 경험을 완벽하게 표현해낸다. 하지만 영화는 원소들이 사는 세계인 엘리멘탈 시티의 작동 원리와 정체, 그리고 가치를 폭넓게 설명해주지는 않는다. 즉, 직관적인 구성 원리가 빠져 있다.

픽사의 판타지 세계는 인간 세계와 연결될 뿐 아니라 대개 간단 명확한 구성 원리를 바탕으로 작동한다. 픽사가 만든 거의 모든 세계의 가치와 특징은 이 구성 원리에서 출발한다고 볼 수 있다. 〈코코〉에 나오는 죽은 자들의 세계에서 한 사람의 존재는 살아 있는 사람들에게 얼마나 많이 기억되는지로 결정된다. 특히 산 자들이 죽은 자를 위해 마련하는 제단이 결정적인 기준이 된다. 제단에 놓이는 사진은 망자들이 '죽은 자들의 날'에 이승으로 가는 다리를 건널 수 있는 '통행증'이다. 제단에 올려진 음식과 선물은 저승에서 실제 음식과 선물로 변하며, 이는 에르네스토 델라크루즈 파티에 참석한 부자들이 부유한 이유를 설명한다. 그리고 마지막으로 망자들은 사람들의 기억에서 완전히 사라졌을 때 다시 한번 죽음을 맞으며 이 세계를 영영 떠난다. 〈토이 스토리〉의 세계에서는 장난감들에게 주인이 있고 장난감은 주인이 자기와 놀아주는 걸 좋아한다는 게 확실한 사실이고, 〈몬스터 주식회사〉의 세계에서는 아이들의 비명이 몬스트로폴리스의 에너지를 만들고 몬스터는 인간과 접촉하면 죽을 수도 있다는 게 공공연한 사실이다. 이러한 구성 원리는 픽사의 더 작은 무대에서도 찾을 수 있다. 〈루카〉는 '바다괴물' 사냥으로 유명한 마을에서 벌어진다. 이 원리가 영화의 긴장감과 플롯 대부분을 만들어낸다. 〈인크레더블〉이 (적어도 영화 개봉 당시에) 다른 많은 슈퍼히어로 이야기와 차별화되는 점은 슈퍼히어로가 존재하지 않는다는 것이 아니라 이 영화 속 세계에서 슈퍼히어로의 활동이 금지 된다는 사실이다. 물론 세계관 구축에서 어려운 과제 중 하나는 등장인물들이 이미 알고 있는 사실을 관객에게 어떻게 알릴지다. 이를 위해 픽사는 규칙, 이름표, 의식 을 활용한다.

 ## 규칙, 이름표, 의식

〈토이 스토리〉에서 내가 제일 좋아하는 부 분은 아이들의 생일을 표현하는 특유의 방식이다. 흔히 즐거운 것으로 여겨지는 생일이 장난감들에게는 군사가 개입하고 공포를 불러일으키며 생존을 위협하는 사건이 다. 이러한 접근으로 독창적이고 재미있을 뿐 아니라 분 명한 위험이 따르는 긴장감 넘치는 시퀀스가 된다. 이런 접근 방식은 장난감들이 가장 두려워하는 점과 우디가 가진 결점을 드러낸다. 이 시퀀스는 우디에게 자신의 자 리를 다른 장난감에게 빼앗기지 않을까 하는 두려움을 불러일으키며, 두려움과 결점은 직접적인 대사를 통해 서가 아니라 들어온 선물을 파악하기 위한 장난감들의 고생스러운 정탐 장면을 통해 전달된다.

이야기 속 의식과 규칙은 작가의 가치관을 드러낸다. 작가의 소망을 기쁘게 담아내며 두려움을 짜릿하게 떨쳐낸 결과가 의식과 규칙이다. 세계관을 형성할 때 이것들은 작가가 만든 가상의 세계를 설명하고 특징을 드러내는 자연스러운 방법일 수 있다.

〈토이 스토리〉속 한 장면은 또 하나의 도구를 훌륭하게 활용한다. 바로 이름표다. 앤디가 탄 차가 우디와 버즈를 남겨두고 떠날 때 우디는 큰 충격을 받고 외친다. "난 버려진 장난감이 돼버렸어!" 우디가 그저 "난 버려졌어!"라고만 했다면 어떻게 달랐을지 생각해보라. '버려진 장난감'이란 말을 씀으로써 우디가 평생 이 상황을 두려워했음을 보여준다. 이 말은 장난감들이 오랫동안 서로에게 경고를 보내는 장면을 상상하게 한다. "이런 행동이나 저런 행동은 하지 않는 게 좋을 거야. 그렇지 않으면 넌 버려진 장난감이 되고 말 거야." 이 말은 가상의 세계에 시간을 덧입혀 쭉 존재했던 세계처럼 느끼게 해준다. 등장인물이 상황에 붙이는 이름표는 우리에게 사전 지식을 주고, 그 상황을 이 세계관의 가치 위계에서 구체적인 위치로 자리매김시킨다. 그 상황에 한 겹의 의미가 더

해지는 것이다.

또한 한 세계의 특정한 의식을 우리가 흔히 하는 행동을 변주하여 만들 수도 있다. 〈인크레더블〉에서 미스터 인크레더블과 그의 친구 히어로 프로존이 수요일마다 각자의 아내에게 거짓말을 하고 외출할 때 그들은 스트립 클럽에 가거나 남자들이 모이는 곳에 가는 것이 아니다. 대신 두 사람은 사람들 몰래 범죄를 해결하고 자신들의 전성기를 재연한다. 대개 세계관을 형성하는 과정에서 중요한 점은 보편적인 인간의 행동을 자세히 보여주는 것이다. 〈인크레더블〉의 경우에는 자신의 과거를 되살리는 행동 혹은 자기다운 모습을 지키며 관계를 유지하려 애쓰는 행동이다. 그리고 그 행동에 작가가 만든 세계와 등장인물에만 있는 고유한 특징을 채워 넣는다. 몇 가지 사례가 더 있다. 〈엘리멘탈〉 속 물 원소 가족의 '울리기 게임', 그리고 〈소울〉의 '나의 불꽃 찾기'라는 목표와 '길 잃은 영혼'이라는 이름표가 그렇다. 또 〈업〉에서 사랑하는 부부가 늘 습관처럼 내뱉던 말 "새로운 모험을

---

   * 위 사례들의 영어식 표현은 관용구이거나 유명한 영화, 노래의 제목이기도 하다.

찾아 떠나!"에는 두 사람의 꿈이자 희망이라는 고유한 의미가 담긴다.

목표는 여러분이 만든 세계관의 구성 원리를 찾은 뒤 이렇게 질문하는 것이다. '이게 진실이라면 또 무엇이 진실일까?'[1] 이 논리를 따라가면 수많은 것을 발견할 수 있다. 즉흥 코미디 연기부터 스토리의 주요 구성점과 주제까지 말이다.

세계 탐구하기 대 플롯 구상하기

여러분의 아이디어와 세계관을 발전시키는 주된 방법은 두 가지다. 하나는 여러분이 만든 세계를 탐구하는 것이다. 미래적인 리조트 우주선에 대해 쓴다면 마음의 눈으로 그 우주선을 둘러보라. 어떤 로봇이 필요할까? 어떤 장비가 필요할까? 어떤 서비스를 제공하면 좋을까? 우주선 위의 삶은 어떨까? 〈월-E〉에 나오는 우

---

1 이는 미국의 코미디 극단 UCB의 즉흥연기 매뉴얼 속 문장을 빌려왔다.

주선이 현실감 있는 이유는 픽사가 생각해낸 여러 디테일 덕분이다. 우주선의 서비스를 담당하는 다양한 로봇들, 우주선 탑승객들이 쇼핑을 하고 먹고 놀고 사교 생활을 하는 방식 등이 대표적이다. 심지어 픽사는 선장의 하루 스케줄도 확실하게 짜놨다. 이런 디테일은 세트 피스, 풍자, 극적 사건의 발판이 된다.

아이디어를 발전시키는 다른 한 가지 방법은 플롯과 등장인물의 계획에 집중하는 것이다. 〈니모를 찾아서〉에서 말린이 니모를 찾게 하기로 마음먹었다면 여러분은 말린의 최종 목적지를 알고 있다. 이제 그 여정 사이사이에 주인공을 방해하고 돕는 장소들을 설계해야 한다.

이 두 방법 중 반드시 하나만 선택해야 하는 건 아니다. 대개는 두 방법을 번갈아가며 쓸 수 있다. 어느 때엔 세계관에 대한 정보를 수집하고 이야기의 소재를 만들다가 또 어느 때엔 플롯상 필요에 따라 알아낸 정보를 활용하거나 폐기한다. 발견한 모든 정보를 다 넣을 필요는 없지만, 사용하지 않더라도 여러분은 직접 만든 가상의 세계를 더 속속들이 파악하게 될 것이다. 핵심 스토리에 계속해서 집중하는 것은 중요하지만, 독창적이고 번뜩이는 아이디어는 힘을 약간 풀었을 때 자주 떠오른다.

〈월-E〉가 좋은 예다.

〈월-E〉는 다르지만 서로 연결된 두 개의 스토리를 결합한다. 하나는 월-E와 이브의 친밀하고 엉뚱한 사랑 이야기고 다른 하나는 우주선의 인간 선장과 자동조종 로봇 오토가 인류의 미래를 두고 벌이는 기 싸움이다. 〈월-E〉의 스토리가 전개되는 데 어떤 스토리가 먼저 나오는지와는 상관없이, 어느 한쪽 스토리에 지나치게 매달리면 다른 쪽의 스토리를 놓치게 된다. 어느 쪽이든 이 음울한 황무지와 앞으로 올 인류의 미래사를 깊이 탐구한 덕에 픽사는 이 두 스토리를 엮을 소재를 얻게 됐다.

기대를 뒤집어라

세계관을 탐험할 때 제일 유용한 점은 관객의 기대를 뒤집을 방법을 찾을 수 있다는 것이다. 픽사의 가장 큰 강점 중 하나는 우리를 놀라게 하는 능력이다. 우리는 바닷속 모험에 상어가 등장할 것이라고 예상하지만 채식주의자 상어라니? 수많은 악당이 개를 데리고 다니지만 개가 말을 한다니? 이런 예상 밖의 설정이 넘쳐난다. 진부한 설정을 피하려는 픽사의 굳은 의지는 스토리와 캐릭터를 관객이 기대한 것보다 더 흥미진진하고 놀라운 곳으로 데려간다. 아이디어를 발전시킬 때 모두가 여러분에게 무엇을 기대할지 찾아낸 뒤 이 기대를 뒤집으려고 해보라.

대부분의 슈퍼히어로가 자신들이 가진 능력을 자유자재로 사용해 계속해서 세상을 구하는 반면, 〈인크레더블〉에 나오는 슈퍼히어로들은 '일반인처럼' 행동하기를 강요받는다. 밥은 법에 의해 '미스터 인크레더블'이 될 수 없다. 〈벅스 라이프〉는 여름 내내 빈둥거리다가 겨울에 먹을 것이 없어 굶주리는 베짱이가 등장하는 옛 우화를 떠올리게 한다. 하지만 픽사의 영화에 나오는 메뚜기 떼는 굶주림을 받아들이기보다는 부지런한 개미를 노예처럼 부린다. 이러한 사소한 비틀기는 중요하다. 익숙하고 뻔한 요소를 없애기 때문이다. 이러한 비틀기는 관객을 계속 긴장시키고 매번 놀라게 한다.

픽사가 기막히게 잘 쓰는 또 다른 방법은 익숙한 설정을 가상의 세계 안에 집어넣는 것이다. 사실상 〈몬스터 대학교〉의 모든 장면은 대학 생활을 유머러스하게 비튼 것이다. 남학생 사교 클럽, 동아리, 신입생 괴롭히기, 대학교의 전통은 모두 몬스터 대학교 안에 등장해도 여전히 사회적, 감정적으로 익숙한 요소들이다.

〈토이 스토리 3〉의 후반부는 앞서 나온 두 편의 영화가 만든 기대를 성공적이고 인상적으로 뒤엎는다. 그동안 앤디는 우디의 삶에서 뗄 수 없는 부분이었다. 영화는 실수로 탁아소에 가게 된 앤디의 장난감들이 그곳 장난감들의 리더인 랏소의 손에 감금되는 모습을 자세히 보여준다. 또 앤디에게 돌아가 집 다락이든 대학교 기숙사든 앤디 삶의 일부가 되기 위해 감옥 같은 탁아소를 탈출하는 장면도 보여준다. 하지만 영화의 마지막 부분에서 우디는 자신과 앤디가 헤어져야 할 때임을 받아들인다. 이는 〈토이 스토리〉 시리즈의 팬들로서는 예상치 못한 전개이고, 또 극도로 솔직하고 진정성 있게 그려내 깊은 울림을 주지 못했더라면 모독이라고 느꼈을 법한 결말이다.

창의성을 위한 제약:
캔버스를 한곳에 집중시켜라

아이디어를 발전시킬 때 어떤 방향으로 가지 않을지 결정하는 것도 마찬가지로 중요하다. 장르와 대상 관객의 특성상 〈몬스터 주식회사〉는 도시를 파괴하고 어린아이를 잡아먹는 괴물은 절대 넣지 않기로 한다. 이 점이 정해지자 작가들은 자연스럽게 이 몬스터와 인간 아이들의 관계를 고민하고 결정했다.

시나리오 작가이자 영화감독 앤드루 스탠턴Andrew Stanton은 테드 강연에서 픽사의 작가들이 사랑 이야기를 쓰지 않기로 했을 때 직접 정한 몇 가지 제한 사항에 대해 이야기한다.[2] 그 한 가지 제한을 두자 작가들은 영화 속 캐릭터들의 관계가 어떨지 자연스럽게 고민할 수밖에 없었고, 그 결과 등장인물들 사이의 관계를 새롭고 흥미로운 방향으로 끌고나가게 됐다.

〈메리다와 마법의 숲〉에는 공주가 나오고, 영화 속 공주들은 대개 사랑에 빠진다. 하지만 메리다의 구혼자들

---

2 앤드루 스탠턴, "앤드루 스탠턴: 위대한 스토리의 비밀Andrew Stanton: The Clues to a Great Story", TED, 2012.

은 적은 비중으로 등장하고 그 대신 돈독하고 흥미로운 모녀 관계를 풀어내며 책임, 전통, 성숙의 문제를 다룬다. 아마도 이러한 결정 덕에 〈토이 스토리〉에서 우디와 버즈의 심오하고 복잡한 관계도 만들어졌을 것이다. 그리고 자연스럽게 픽사는 영화에 유대를 맺는 플롯을 넣기 시작했을 것이다. 그러한 플롯은 이제 픽사 영화의 트레이드마크 중 하나가 됐다.

✎ 요약

- 픽사의 성공 비결 중 하나는 픽사가 만들어내는 독창적이고 특별한 이야기다. 이런 이야기는 대체로 복잡하고 자세한 가상 세계라는 형태로 구현되며, 이 세계는 세계관 형성의 경이로운 결과물이다.

- 픽사는 이러한 세계를 직관적이고 명확하게 우리 인간 존재와 연결 지으며, 이 세계를 이해하기 쉽게 만들어주는 하나의 분명한 구성 원리에 따라 돌아가게 한다. 이야기는 대개 환상의 세계를 움직이는 이 핵심 콘셉트를 중심에 두고 전개된다.

- 픽사의 세계를 가득 메우는 크고 작은 유쾌한 설정들은 가상의 세계를 탐구하고 그 세계에 있는 모든 장소, 사람들, 감정, 생활방식을 속속들이 알아보는 노력에서 나온다.

- 그 세계를 탐구해 찾아낸 소재를 모두 쓸 필요는 없지만, 플롯과 캐릭터 아크를 발전시키는 데 도움이 되는 요소는 집어넣어야 한다.

- 가상의 세계를 탐구하는 제일 좋은 방법 중 하나는 기대를 전복하고자 노력하는 것이다.

- 또 다른 방법은 이야기의 창의적 제약을 정하는 것이다.

✏ 적용: 〈인사이드 아웃〉

- -

〈인사이드 아웃〉은 직관적으로 우리와 연결된다. 우리는 모두 우리 머릿속에서 무슨 일이 일어나는지(또는 왜 우리가 짜증나는 광고음악을 계속 흥얼거리고 있는지) 궁금했던 적이 있으며, 〈인사이드 아웃〉은 마음속에 남아 있는 그 질문에 재미있는 답을 준다. 또한 이 영화는 명확한 구성 원리 하나를 제시한다. 감정이 인간의 안녕을 책임지며 그게 감정들의 할 일이라는 것, 그리고 기쁨이에게 그 일은 라일리를 계속 행복하게 만드는 일이라는 것이다. 이는 영화 내에서 감정 본부의 가장 중요한 규칙이기도 하다. 영화에서 일어나는 거의 모든 일은 이 핵심 콘셉트에서 시작된다고 할 수 있다. 하지만 출발점일 뿐이다. 〈인사이드 아웃〉은 원대한 세계관을 구축하고, 우리에게 그러한 플롯을 둘러싼 몇 가지 더 핵심적인 요소들을 보여준다. 핵심 기억들은 일종의 역*맥거핀* 역할을 하는데, 감정들은 기억 구슬들을 제자리에 가져다 놔야 한다. 마찬가지로 성격섬 역시 핵심 기억과 연결되며 라일리의 행복도를 보여주는 분명한 척도다. 라일리가 부모님과 있을 때 원숭이 흉내를 내는 것은 이 영화 속 의식이라고 볼 수 있으며 라일리와 부모님의 관계를 보여주는 척도다. 이 의식에 참여하지 않기로 한 선택은 라일리의 우울증, 그리고 부모님과의 멀어진 관계를 나타낸다. 이보다는 덜 중요한 또 한 가지 의식은 '야

---

* 맥거핀macguffin, 영화에서 관객의 주의를 뺏으며 중요한 것처럼 등장하나 실제로는 플롯에 영향을 미치지 않는 극적 장치. 여기서 저자가 사용한 '역맥거핀'은 별것 아닌 것처럼 보이지만 실제로는 플롯상 중요한 역할을 하는 장치를 의미한다.

간 당직' 장면에 나오는데, 꿈 제작소가 그들의 세계를 24시간 돌아가는 활기찬 곳으로 만드는 광경을 어쩔 수 없이 야근하며 지켜봐야 하는 감정들의 반응으로 표현된다.

픽사는 〈인사이드 아웃〉의 독특한 세계관을 정말 열심히 탐구했다. 라일리의 머릿속 구조, 수많은 장치, 그 안에 사는 다양한 존재들은 오직 상상력이 그 세계를 이리저리 돌아다닐 수 있게 허용한 때만 나올 수 있는 결과물이다. 우리는 그저 그들이 아이디어를 발전시키는 동안 얼마나 많은 농담과 캐릭터, 장소들이 버려졌는지 상상만 할 수 있을 뿐이다. 그럼에도 영화 속 모든 요소는 이 세계관만큼이나 창의적인 저마다의 기능이 있다. 무의식은 감옥 역할을 한다. 생각들이 버려지는 기억의 폐기장인 거대한 골짜기는 죽음의 장소다. 〈인사이드 아웃〉 작가들이 넣기로 한 머릿속의 모든 독창적인 요소는 영화의 플롯 안에서 저마다의 기능을 한다.

〈인사이드 아웃〉에서 기대를 전복하는 가장 강렬한 사례는 영화가 만들어내는 의미에서 온다. 우리는 영화를 보는 거의 내내 슬픔은 격리하거나 피해야 하는 나쁜 감정이라고 믿는다. 〈인사이드 아웃〉은 슬픔이와 기쁨이가 라일리가 감정적으로 성장하는 과정에서 슬픔이의 역할을 깨닫게 함으로써 지혜롭고 성숙한 방식으로 이 기대와 믿음을 뒤집는다.

- -

1. 여러분은 자신이 만든 세계관에 대해 무엇을 알고 있는가?

2. 그 세계의 거리와 들판을 걸어보고, 그곳에 사는 사람들과 이야기를 나눠봤는가? 아니면 플롯에 필요한 부분만 꺼내 썼는가?

3. 여러분이 만든 세계관과 플롯의 바탕과 중심이 될 강력한 구성 원리는 무엇인가?

4. 지금 발전시키고 있는 소재에서 관객이 기대할 만한 점은 무엇인가?

5. 어느 지점에서 이 기대를 뒤집어야 관객을 놀라고 기쁘게 할 순간을 만들 수 있을까?

6. 생각이 막힌다면 이야기 속 세계에서 어떤 일이 일어나지 않았으면 좋겠는지 생각해보라. 여러분이 제외시키는 모든 요소는 반드시 여러분이 하고 싶어 하는 이야기를 향해 있을 것이다.

"꼭 영화처럼 말이지! 로봇이 갑자기

나타나 깨부수고 비명을 지르는

사람들을 날려버려. 희망이 완전히

사라진 바로 그때 신드롬이 나타나

세상을 구해! 난 여러분보다 더 위대한

영웅이 될 거야!"

— 〈인크레더블〉, 신드롬

8장

픽사의
구조

구조에 대한 이야기

구조는 영화 시나리오 작업에서 가장 뜨거운 논쟁이 벌어지는 주제 중 하나다. 수 세기 동안 여러 작가들과 학자들이 수많은 형태의 서사 구조를 제안해왔지만, 이 장에서는 이처럼 다양하고 유용한 모델을 깊이 다루지는 않는다.

구조는 우리가 쓰는 글의 로드맵 역할을 한다. 즉 목표 지점을 여러 개 만든 뒤 그 지점을 중심으로 스토리를 구성하고 분석할 수 있도록 돕는다. 여러 가지 구조들이 모두 효과적일 수 있기 때문에 어떤 특정 구조가 정답은 아니다. 우리가 쓰는 100개의 이야기가 모든 면에서 하나의 구조에 맞아떨어지지는 않을 것이다. 물론 괜찮다. 구조는 스토리를 진단하는 도구로 쓰거나 뿌연 물 속에서처럼 이야기를 어떻게 전개할지 한 치 앞을 알 수 없을 때 길을 찾아나가기 위한 부표로 활용할 수 있다.

여러 구조 이론의 핵심은 비슷하다. 가장 일반적인 구조는 대부분의 이론가가 동의하는 기본 개념으로 요약할 수 있는데, 다음과 같은 특징을 갖는다.

스토리는 시작, 중간, 결말의 세 부분으로 나뉜다. 시작은 관객에게 필요한 정보를 주는 데 집중한다(발단).
영화계에서 쓰는 용어로 이야기하자면 시작 부분에서는
등장인물의 편안한 일상, 즉 안전지대(또는 크리스토퍼 보
글러Christopher Vogler에 의하면 일상 세계ordinary world[3])를 보여
준다. 그래야 등장인물이 안전지대에서 벗어나는 상황
에 처했을 때 그들이 겪는 불편을 제대로 이해할 수 있
다. 중간 부분은 가장 길며 역경을 주로 다룬다. 결말은
영화가 던지는 극적인 질문을 해결하고 시작부보다 약
간 더 짧으며 (신이 짧아지고 여러 플롯 줄기들이 한곳으로 수
렴하면서) 속도가 더 빨라지는 경향이 있다.

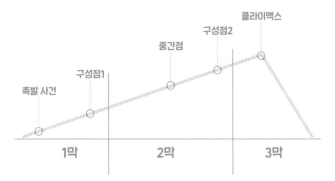

* 구조의 예시

3 크리스토퍼 보글러, 함춘성 옮김, 《신화, 영웅 그리고 시나리오 쓰기》, 비
   즈앤비즈, 2013.

우리를 만족시키는 스토리에는 대개 주요 사건이 3~5개 정도 나온다. 이런 사건을 부르는 이름은 다양하지만, 이 이름은 흔하게 쓰이고 알아두면 유용하니 작가라면 알아둘 필요가 있다. 최초의 사건을 '촉발 사건inciting incident'이라고 한다. 스토리에서 처음 일어나는 유의미한 사건을 말한다. 1막에서 일어나 전체 플롯을 밀고 나가는 촉발 사건은 주인공을 행동하게 만든다. 〈니모를 찾아서〉에서 니모가 납치를 당하고, 〈벅스 라이프〉에서 플릭이 메뚜기 떼에 바칠 곡식을 날려버리는 사건이 대표적인 촉발 사건이다.

두 번째 주요 사건은 '첫 번째 구성점'이라고 한다. 대개 모험에 대한 주인공의 의지를 굳히고, 2막에서의 촉발 사건 같은 역할을 해 우리의 주인공을 새로운 방향으로 이끈다. 〈니모를 찾아서〉에서 말린이 스쿠버다이버의 주소를 알아내 시드니로 향하는 사건, 〈토이 스토리 3〉에서 장난감들이 자신들이 지옥 같은 탁아소에 갇혔다는 사실을 깨닫는 사건이 대표적이다. 첫 번째 구성점은 대개 영화의 약 4분의 1지점에서 일어나며, 때로는 촉발 사건으로 합류한다.

세 번째 주요 사건은 '두 번째 구성점'이라고 하며, 영화의 약 4분의 3 지점에서 일어난다. 두 번째 구성점에서는 대개 주인공에게 큰 타격을 입히는 사건이 일어나며 3막의 스토리를 설정한다. 〈니모를 찾아서〉에서 말린이 니모가 죽었다고 믿게 되는 사건, 〈월-E〉에서 오토가 우주선 엑시엄호를 장악하고 월-E와 이브를 제거하는 사건이 대표적이다.

마지막 주요 사건은 스토리의 '클라이맥스'라고 부른다. 클라이맥스는 갈등이 극에 달해 긴장감 넘치고 웅장한 장면이어야 하며, 또한 이야기에서 제일 중요한 극적 질문에 답해야 한다. 클라이맥스가 되는 사건은 대개 영화가 끝나기 몇 분 전에 일어난다. 가령 〈니모를 찾아서〉에서 말린이 니모에게 지금까지의 경험을 바탕으로 도리와 구피들을 구하도록 허락하는 사건이나 〈라따뚜이〉에서 안톤 이고가 레스토랑에 식사를 하러 오는 사건이 그렇다.

어떤 이론은 이 네 가지 사건에 더해 영화 중간점*에서 일어나는 또 하나의 주요 사건을 구조에 포함시키기도

---

* 중간점midpoint. 영화의 중반부에서 일어나 이야기의 방향을 확연히 전환시키는 중대한 사건 혹은 행동을 말한다.

한다.

구성점은 촉발 사건과 클라이맥스의 결합이라고 이해하면 제일 좋다. 촉발 사건은 이야기를 시작하게 하고, 극적 질문을 불러일으키며, 등장인물이 길을 떠나도록 만든다. 클라이맥스는 극적 질문에 답하며 긴박하고 강력한 갈등의 순간을 담고 있고, 그 갈등은 만족스러운 방식으로 해결된다. 구성점은 이 두 가지 역할을 모두 해야 한다. 주인공이 새로운 길을 떠나도록 만드는 동시에 이미 제기된, 하지만 결코 이야기 전체의 극적 질문은 아닌 몇 가지 극적 질문에 답해야 한다. 구성점은 촉발 사건과 클라이맥스의 합이기 때문에 촉발 사건만큼 강력한 기폭제가 되지 않을 뿐 아니라 클라이맥스만큼 결정적인 해답도 되지 않는다.

이러한 사건들이 발생하는 시점은 수학공식과 달리 정답이 없다. 맞다. 위에서 이야기한 사례들이 유용할 듯싶다. 픽사의 영화를 슬쩍만 봐도 구조는 작가가 자유자재로 활용할 수 있는 것임을 알 수 있다. 〈몬스터 주식회사〉에서 최초의 주요 사건은 설리가 몬스터 세계에 들어온 인간 아이 부를 발견하는 장면이다. 이는 영화 시작 후 23분쯤에 벌어진다. 〈벅스 라이프〉에서 최초의 주요 사건은 플릭이 메뚜기들에 바칠 곡식을 날려버리는 장면이다. 이는 영화가 시작하고 9분 만에 일어난다. 〈인크레더블〉에서는 밥이 비밀 섬으로의 초대 메시지를 받으면서 영화의 메인 플롯이 시작된다. 이 사건은 영화 시작 후 30분 만에 일어난다. 분명 이 세 작품은 훌륭한 영화다. 여러 구조를 통해 여러분이 만드는 스토리에는 어떤 구조가 적합할지, 또 어떤 구조가 맞지 않을지 파악해보자.

이번 꼭지의 요점을 정리하자면 스토리에는 하나의 설정, 여러 번의 시련, 한 번의 해결이 필요하다는 것이다. 또한 적어도 세 개의 주요 사건이 필요해 보인다. 즉 대립하는 두 힘 사이 세 번의 중대한 충돌이 벌어지는데, 이 충돌의 결과로 대개 주인공은 중대한 결심을 한다. 픽사의 영화에서는 주요 사건이 세 번 이상 벌어지는 듯하다.

픽사의 구조를 더 자세히 살펴보자.

주요 사건:
사건의 내용, 과정, 이유

주요 사건을 사건의 '과정how'과 '이유why'에

연결되어 벌어지는 일로 보는 방법이 있다. 가령 〈업〉에서 첫 번째 구성점은 엄청나게 많은 풍선을 집에 매달아 파라다이스 폭포로 날아가기로 하는 칼의 결정이다. 그 결정 전에 나오는 모든 장면은 칼이 그 결정을 하는 과정과 이유를 보여준다. 이 '과정'과 '이유'에서 계속 갈등이 일어나며, 여기에서 관객에게 주인공들을 위협하는 적대 세력을 인지하게 만드는 것이 중요하다.

〈니모를 찾아서〉에서 주요 사건은 다음과 같다. 말린의 아들 니모가 스쿠버다이버들에게 납치를 당하고(촉발 사건), 말린이 니모의 행방에 대한 단서를 찾은 뒤 니모를 찾아 나선다(첫 번째 구성점). 말린은 아들이 죽었다고 생각하고 아들 찾기를 포기하고(두 번째 구성점), 말린과 니모는 재회해 감정의 응어리를 해결하고, 도리와 구피를 구출한다(클라이맥스). 이 각각의 문장이 질문을 불러일으킨다는 점에 주목하자. 말린은 왜 포기할까? 말린은 왜 아들이 죽었다고 생각하게 됐을까? 말린은 왜 그토록 결연하게 니모를 찾으려 할까? 말린은 어떻게 머나먼 땅 시드니를 찾아갈까? '왜'라는 질문의 답은 발단에서 되고, '어떻게'라는 질문의 답은 등장인물이 본격적으로 행동하는 장면들에서 된다.

이 네 가지 주요한 순간이 영화의 나머지 순간들과 다른 점은 무엇일까? 이 순간들이 전부 영화에서 가장 흥미진진한 순간은 아니다. 말린은 상어 떼에 쫓기고 해파리 숲에서 기적적으로 살아남고 고래 몸속에서 탈출한다. 주요한 순간들을 보는 한 가지 방법은 이 순간들이 이야기 시작부에서 설정한 기존의 결점과 어떤 식으로 연결되는지 생각해보는 것이다.

조금 더 구체적으로 말하자면 주요한 순간은 그 결점을 바로잡을 기회 또는 결점을 바로잡을 희망을 깨뜨릴 기회를 제공해(성장 또는 파괴) 주인공을 앞으로 나아가게 하거나 무너지게 만들어야 한다. 마치 회차가 진행될수록 상금이 쌓이는 퀴즈 쇼 〈누가 백만장자가 되고 싶은가?〉와 흡사하다. 말린은 스쿠버다이버들의 주소를 알아낸 뒤 시드니가 너무 멀고 결코 갈 수 없는 곳이라고 판단해 포기할 수도 있었다. 그렇게 자신의 결점(불안)에 굴복하고 아들을 위해 그 결점을 바로잡을 희망을 내려놓을 수도 있었다. 주요 사건은 갈림길이다. 이 갈림길은 대개 캐릭터가 손해 보는 일에서 손을 떼거나 계속해서 용감하게 나아갈 기회를 제공한다.

우선 가족을 전부 잃게 될까 두려워 아들을 과잉보호

하는 아버지 말린을 생각해보면 이런 사건들은 말린이 기존에 가진 문제와 직결된다. 말린은 자신에게 마지막으로 남은 자식을 잃은 뒤 아들을 찾으리라는 희망을 품는다. 또 아들을 찾을 수 있다는 희망을 잃은 뒤에 결국 아들을 찾는다. 이런 순간들은 말린이 가진 기존의 결점을 없애거나 키울 기회로 이어진다(가장 큰 두려움이 현실이 되거나, 그 두려움을 극복하고 다스리는 법을 배워 아들과 더 건강한 관계를 맺는 것). 말린이 상어를 피할 수 있을지 없을지도 분명 이와 관련은 있지만(왜냐하면 죽은 물고기는 아무도 찾을 수 없기 때문에) 가장 중요한 극적 질문과 직접적으로 연결되지는 않는다. 주요 사건들, 즉 촉발 사건, 구성점, 클라이맥스는 제일 중요한 극적 질문과 연결된다.

만약 이야기 속 대부분의 장면이 역경을 극복하는 것이라면 주요 사건은 대개 목표, 인식, 전략을 수정하는 사건일 것이다. 〈카〉에서 최초의 주요 사건(맥퀸이 래디에이터 스프링스 마을에 발이 묶이는 사건)은 맥퀸의 목표를 피스톤 컵 우승에서 스프링스 탈출로 (그리고 늦지 않게 피스톤 컵에 나가 우승하는 것으로) 바꿔놓는다. 두 번째 구성점은 맥퀸이 레이싱계로 돌아가 피스톤 컵 트랙에 서는 사건이다. 하지만 이제 맥퀸의 가치관과 성격은 달라졌다.

달라진 모습은 다음에 일어나는 주요 사건, 즉 클라이맥스에서 드러난다. 맥퀸은 피스톤 컵 우승보다 품위와 동료애를 지키는 행동을 선택한다.

픽사는 초기작에서 최신작으로 올수록 구성점과 주요 사건을 더 많이 만드는 듯하다. 픽사의 작가들은 서브플롯, 병렬 플롯, 내적 플롯을 이용해 더 많은 스토리, 그리고 결과적으로 더 많은 주요 사건을 만들어낸다. 이처럼 스토리가 풍부해지면 관객의 관심을 계속 붙잡아둘 수 있고 감정과 서사의 측면에서도 관객을 만족시키기 쉬워진다.

다층의 스토리텔링 케이크

〈니모를 찾아서〉를 다시 살펴보자. 우리는 말린이 니모를 찾는 과정과 연관된 네 가지 주요 사건을 언급했다. 니모를 잃어버리고, 단서를 찾고, 포기하고, 재회하는 사건이다. 하지만 영화의 서사 줄기는 그보다 더 많다. 말린과 도리의 관계, 니모의 새로운 친구들과 탈출 계획, 그리고 강박적인 물고기이자 아버지였던 말린이 용감하고 모험심 강한 물고기로 변하는 일이 그렇다. 이 각각의 플롯에는 나름대로 몇 개의 주요 사건이 있다(니모가 치과 어항에 갇힌 모든 장면은 사실상 니모의 스토리에서 주요 사건의 역할을 한다).

픽사의 영화만이 수많은 유의미한 변화를 만들어내는 다층적인 서브플롯을 갖는 것은 아니지만, 픽사는 이 서브플롯들끼리 연결되는 방식에 관한 규범을 깬 것처럼 보인다. 메인 플롯은 영웅적이고 모험과 액션이 가득하며 특히 생사가 걸린 격렬한 상황이 펼쳐져야 한다(아버지가 아들을 찾아 바다를 헤맨다! 로봇이 우주를 여행하며 인류를 다시 지구로 데려와야 한다!). 그러한 메인 플롯 아래에는 감정적이고 내적인 층위의 스토리가 있어야 한다(아버지는 과거의 트라우마를 해결하고 아들에게 자유를 줘야 하고, 쥐는 충돌하는 여러 정체성을 받아들여야 한다). 또한 픽사의 모든 이야기에는 다른 세계에서 온, 역시나 결점이 있는 또 다른 등장인물과 유대 관계를 맺는 중요하고도 복합적인 과정이 나온다(걱정 많은 아버지는 기억상실증이 있는 천하태평한 물고기와 친구가 된다. 몬스터는 자신을 죽일 수 있다고 믿어 무서워하던 인간 아이와 친구가 된다). 때로 픽사는 또 하나의 서브플롯을 넣어 메인 플롯과 나란히 전개한다(니모는 어항에서 탈출하고자 하고, 스키너는 링귀니에게서 구스토의 유산을 훔치려고 한다).

이 3단 또는 4단 구조는 최고의 모험, 의미 있는 관계, 극심한 감정적 갈등 등 우리가 영화관에 가는 모든 이유를 충족시켜 주기도 한다. 이처럼 여러 단으로 된 스토리를 동시에 풀어나가고 이 스토리들을 단단하고 매끈하게 엮어내는 능력 덕분에 픽사는 독보적인 작품들을 만들어낸다. 여러 단으로 이루어진 스토리는 서로를 강화하는 역할을 하고, 강렬한 모험에 정서적 의미를 더하며, 감정적 갈등을 분명하고 극적으로 표현해준다.

 ## 유대를 맺는 스토리

앞에서 언급했듯이 갈등은 이야기에서 아주 중요하다. 그리고 자신이 마음 깊이 믿는 무언가를 위해 역경과 맞서 싸우는 등장인물을 지켜보는 것은 대단히 후련한 구석이 있다. 하지만 다른 세계에서 온 두 인물의 관계가 가까워지고 어렵게 유대에 이르러 서로의 상처를 치유해주는 모습을 지켜보는 것 역시 대단히 만족스럽다. 여기서 '이른다'는 말은 두 등장인물이 실질적이고 구체적으로 가까워지는 과정을 의미한다. 두 사람이 만나서 바로 절친한 사이가 되면 크게 감동적이지 않다. 두 사람이 이야기 내내 서로 싫어하다가 막판에 갑자기 돌변해 사랑에 빠지는 것도 마찬가지다.

유대를 쌓으려면 우선 서로를 좋아하지 않는 분명한 이유가 있는 두 캐릭터가 나와야 한다. 여러 외부적 사건이 나란히 펼쳐지면서 두 캐릭터를 밀어붙여 이들 관계의 장벽을 없애는 내면의 변화가 일어나야만 진정 의미 있는 방식으로 유대를 맺을 수 있다.

〈토이 스토리〉의 우디와 버즈를 생각해보자. 처음에 둘은 서로에게 그저 위협적인 존재다. 우디는 자기 삶에서 가장 중요한 앤디와의 관계를 위협하기 때문에 버즈를 싫어한다. 버즈가 우디와 진정한 친구가 될 수 없는 이유는 우디가 우주사령부라는 건 없으며 버즈는 그저 장난감일 뿐이라고 주장하며 삶의 핵심적인 가치를 위협하기 때문이다. 버즈는 비행에 실패하고, 우디는 자신이 장난감으로서 영원할 수 없다는 사실을 인정한 후에야 두 캐릭터는 협력하기 시작한다. 둘은 시드의 방

을 탈출해야 한다는 어쩔 수 없는 상황에 밀려 힘을 합친
다. 영화의 마지막 순간에야 두 장난감은 진정으로 유대
를 맺는다. 앤디가 새로운 생일선물 포장을 뜯는 장면에
서다.

때로 유대는 다른 등장인물에 대해 새로운 사실을 알
게 되면서 이루어진다. 〈카〉에서 맥퀸은 닥 허드슨이 경
주에서 자신을 이긴 후부터 그가 하는 말에 아주 큰 관심
을 기울이며, 심지어 닥의 예전 피스톤 우승컵을 발견하
고는 더 큰 관심을 갖는다. 〈몬스터 주식회사〉에서 설리
는 부가 자신의 겁주기 동작을 보고 겁에 질린 뒤부터 부
와 훨씬 더 가까워진다. 설리가 괴물처럼 보이는 자신의
모습을 발견한 뒤에야 자기가 인간 아이를 겁줄 때 아이
가 느끼는 공포가 어떨지 처음으로 깨닫는 것이다. 이 사
실을 이해하면서 설리는 부와 유대를 맺는다.

 ## 더블 클라이맥스

대부분의 픽사 영화에는 클라이맥스가 두
번 나온다. 많은 영화에서처럼 중심 스토리의 클라이맥

스는 큰 위험이 따르는 대규모의 시퀀스로 펼쳐진다. 픽사의 영화에서 이 스토리텔링의 절정 뒤에는 대개 더 조용한 클라이맥스 장면이 이어지는데, 이 두 번째 클라이맥스는 좀 더 내적인 스토리를 풀기 위한 목적이다.

더블 클라이맥스가 제일 잘 표현된 영화는 〈토이 스토리 3〉다. 쓰레기 소각장에서 일어나는 끔찍한 시퀀스 뒤에 장난감들은 가까스로 죽음을 모면하고 랏소를 물리친다. 이제 장난감들은 원하는 삶을 선택할 수 있다. 앤디가 있는 집으로 돌아갈 수도 있고 더 나은 환경을 찾아갈 수도 있다. 감옥 같은 탁아소에서 탈출하고, 빌런과 싸우고, 타 죽을 뻔한 위험은 모두 해결됐지만 아직 15분이 남았다. 영화는 내면의 스토리를 인상적으로 풀어내며 결말의 감동적인 장면을 만들어낸다.

우디가 앤디의 마음을 움직여 자신을 포함한 모든 장난감을 보니에게 주도록 만들 때 이 결정은 세 편에 걸친 시리즈에서 그려온 관계의 문제를 해결한다. 우디는 앤디의 삶에서 자신의 역할이 끝났음을 받아들이지만, 다락에서 보내는 삶은 받아들이지 않는다. 장난감의 주인은 꼭 한 명뿐이어야 할까? 우디와 장난감 친구들은 새 삶을 시작하고 앞으로 새 주인과 오랫동안 놀 수 있게 됐다. 앤디는 자신의 유년기가 끝났으며 장난감들과 헤어져야 한다는 사실을 받아들이지만, 장난감들이 자기 삶에서 지닌 의미를 인정하고 늘 자신의 일부로 남아 있을 거라는 사실을 확인함으로써 그들과 무사히 작별한다.

또 한 가지 확실한 사례는 〈업〉에서 찾을 수 있다. 긴장감 넘치는 추격과 비행선 위에서의 결투 후 찰스 먼츠는 패배하고 우리의 주인공들은 무사히 살아남는다. 우리는 마침내 안도의 숨을 내쉰다. 하지만 칼과 러셀은 여행하는 내내 열심히 지켜온 칼의 소중한 집이 구름 아래로 사라지는 모습을 지켜본다. 러셀은 속상해하지만 칼은 "집은 그냥 집일 뿐이야"라고 대수롭지 않게 답한다. 이 사소한 순간이 엘리와 보낸 과거의 삶을 떠나보내고 새로운 삶을 받아들이는 칼의 내적 갈등을 해소한다. 이 사건은 액션신의 클라이맥스 직후에 조용히 일어난다.

〈코코〉에서 미구엘과 그의 선조들은 델라크루즈가 관중 앞에 선 화려하고 결정적인 순간에 델라크루즈가 살인자임을 밝힌다. 그 이후 미구엘이 증조할머니 코코에게 노래를 불러 가족을 화해시키고 헥토르를 기억하게 만드는 정적인 클라이맥스가 이어진다.

구조를 남용하지 말라

앞에서 이야기한 구조, 그리고 아마도 다른 여러 구조는 남용되기 쉽다. 어떤 요소를 스토리에 마구잡이로 집어넣으면 이야기는 더 형편없어진다. 구조는 하나하나 실행하고 완료 표시를 해야 하는 의무적인 체크리스트가 아니다. 신중하게 실행에 옮겨야 하는 요소들이다. 굳이 필요하지 않다면 '유대를 맺는 과정'을 스토리에 욱여넣지 마라. 그건 픽사의 방식이 아니다.

등장인물끼리 마음 깊이 유대를 맺는 스토리는 대개 픽사 영화의 메인 플롯이며, 이 플롯은 모험을 하는 시퀀스로 강화된다. 〈메리다와 마법의 숲〉은 곰과 마녀의 이야기가 아닌 서로를 이해하는 방법을 배우는 어머니와 딸의 이야기가 훨씬 주를 이룬다. 〈카〉에서 맥퀸은 경기장보다 래디에이터 스프링스 마을에서 만난 새 친구들과 더 많은 시간을 보낸다. 〈토이 스토리〉는 액션, 코미디, 서스펜스를 고루 포함하지만, 사실상 우디와 버즈의 관계를 중심으로 전개된다.

때로 픽사는 〈업〉이나 〈니모를 찾아서〉처럼 스토리의 핵심에 속하지 않는 여행 친구들을 집어넣는다. 픽사는 치밀한 캐릭터 설계를 통해 이 부가적인 관계를 자연스럽고 적절해 보이게 만든다. 〈업〉의 러셀과 〈니모를 찾아서〉의 도리는 칼과 말린이 플롯을 밀고 나가지 못할 때 그 역할을 하도록 만들어졌다. 두 캐릭터는 칼과 말린과는 다른 관점을 가지고 있다. 러셀이 가진 보이스카우트로서의 가치관과 모험심은 칼의 은둔 생활과 무기력한 삶을 두드러져 보이게 한다. 말린의 불안감과 대비되는 도리의 한없는 낙천주의와 자신감도 마찬가지다. 픽사는 이 캐릭터들의 내면세계와 결점도 만들어냄으로써 여기서 한 단계 더 나아간다. 러셀은 아버지와 관계가 소원하며 아버지에게 거절당했다고 느끼는 외로운 아이다. 도리는 무언가를 1분 이상 기억하지 못해서 외롭게 사는 물고기다. 결국 이 조연 캐릭터들 역시 자기만의 여정을 떠나며 각자가 지닌 기존의 결점을 해결한다(도리의 경우 〈도리를 찾아서〉라는 속편도 나왔다). 이에 더해 픽사가 러셀과 도리를 엄청나게 웃긴 캐릭터로 만들었다는 점을 명심하자.

스토리에 어떤 요소를 추가할 때마다 그 요소를 원래 정한 콘셉트와 유기적으로 연결되게 만들어라. 기존의 등장인물, 설정, 플롯, 주제를 살펴보고 확장하려고 해보

라. 외부적인 요소를 더하는 경우라면 그 요소가 주요 등장인물 및 스토리와 의미 있게 상호작용할 수 있도록 더 신경 써서 발전시켜보라.

✎ **요약**

- - 구조에는 많은 형식이 있다. 대개는 세 부분에 걸쳐 설정, 시련, 클라이맥스 및 해결의 스토리가 전개된다.
- - 또 대개의 구조는 이야기에 반드시 들어가는 주요 사건을 강조한다. 이야기를 시작하는 사건 하나, 끝내는 사건 하나, 그리고 그 사이 1~3개의 사건이 펼쳐지며 구조를 복잡하게 만든다.
- - 이런 사건들은 중심 스토리에서 필수적인 부분이며, 각 사건은 주인공의 가장 큰 문제와 직결된다.
- - 이 사건들은 스토리 안에서 벌어지는 일인 반면, 사건 전후의 장면들은 그 사건이 일어나는 과정과 이유를 보여준다.
- - 픽사의 영화는 대개 생사가 걸린 흥미진진한 액션 스토리, 등장인물이 유대를 맺는 스토리, 내면에서 감정적으로 투쟁하는 스토리를 포함하는 다층적 구조를 갖는다.
- - 이 여러 층의 스토리들은 서로 연결되어 있다. 이런 구조는 이야기를 탄탄하게 만드는 역할을 하고, 각 스토리를 풍성하게 만들며, 관객이 좋아하는 주요 사건을 더 많이

만들어낸다.

- 대개 픽사의 영화는 중심 스토리 외에 또 하나의 스토리라인을 포함하는데, 이 스토리는 중심 스토리와 동시에 일어난다. 이 구조는 더블 클라이맥스를 만드는데, 이 두 번의 클라이맥스 구조를 통해 픽사는 긴장감 넘치고 생사를 다투는 놀랍고 웅장한 시퀀스(영화 메인 플롯의 클라이맥스)를 펼쳐 보인 뒤 감동을 자아내는 감정적인 클라이맥스를 보여준다. 이 두 번의 클라이맥스는 감동적이고 만족스러운 결말을 만들어낸다.

✎ **적용: 〈인사이드 아웃〉**

- -

〈인사이드 아웃〉에는 네 개의 플롯이 있다. 우선 기쁨이와 슬픔이가 너무 늦기 전에 핵심 기억을 본부로 가져오기 위해 모험을 떠나는 메인 플롯이 있다. 또 기쁨이와 슬픔이가 유대를 맺는 플롯이 있다. 또 다른 플롯도 이와 유사하다. 라일리가 용기를 내서 부모님에게 자신이 두 사람을 위해 늘 행복할수는 없다고 고백하기까지 라일리의 내적 갈등을 담은 플롯이다. 마지막으로는 빙봉의 감동적인 서브플롯이 있다. 기쁨이와 슬픔이는 둘 다 영화가 진행되면서 변화하지만, 두 캐릭터가 겪는 내면의 변화는 둘이 유대에 이르는 경험의 일부이지 개별적인 서사 줄기는 아니다. 〈인사이드 아웃〉은 픽사의 구조에 영리하게 세련미를 더한다. 라일리가 겪는 모든 사소한 감정 변화는 라일리의 머릿속에 사는 주인공들에게 치명적인 영향을 입힌다는 독특한 전제 덕분이다.

촉발 사건은 라일리가 샌프란시스코로 원치 않는 이사를 오면서 슬픔이가 본부에서 더 중심적인 역할을 맡게 되는 일이다. 이 사건으로 슬픔이와 기쁨이가 충돌하기 시작하고, 이는 두 감정이 본부 밖으로 나가는 영화의 첫 번째 구성점으로 이어진다. 본부 밖으로 나간 두 감정은 핵심 기억을 찾아 얼른 본부로 돌아오려고 노력한다. 마치 다른 영화의 도입부 같지 않은가? 2막은 본부 밖이라는 다른 배경에서 펼쳐지며 기쁨이의 목표도 다르다. 기쁨이의 욕구를 '라일리를 계속 행복하게 만드는 것'이라고 정의하면 이 전환점에 따라 그 욕구가 어떻게 달라지는지 알 수 있다. 1막에서 기쁨이의 목표는 기억 구슬에 슬픔이가 닿지 못하게 막아 라일리를 계속 행복하게 만드는 것이었다(그렇게 둘이 유대를 맺는 플롯의 전제가 설정된다). 2막에서 기쁨이의 목표는 라일리를 행복하게 만들 수 있는 기억들을 찾아 본부로 돌아가는 것이다. 2막에서는 기쁨이가 라일리의 머릿속이라는 위험천만한 미지의 세계에 용감히 들어가며 물리적인 모험의 플롯으로 중점이 달라진다.

영화의 두 번째 구성점을 보면 픽사가 얼마나 영리하고 정교하게 위에서 언급한 다층적인 스토리의 균형을 맞춰내는지 알 수 있다. 라일리의 스토리에서 주요 사건은 라일리가 버럭이의 부추김으로 미네소타로 몰래 떠나겠다고 결심하는 사건이다. 이 사건으로 정직섬과 가족섬이 무너지고 기쁨이는 기억들(메인 플롯)과 빙봉(서프블롯)과 함께 기억 폐기장에 갇혀 사라질 위기에 처한다. 즉 (라일리를 행복하게 만들고 라일리의 머릿속에서 다시 중요한 자리를 차지한다는) 두 캐릭터의 목표에서 그 어느 때보다 멀어진다. 모든 것을 무너뜨리는 와중에 픽사는 기쁨이와 슬픔이 사이 의미 있는 장면을 만들어낸다(유대를 맺는 플롯). 이때 두 캐릭터의 관계가 최악으로 치닫는데, 기쁨이는 진심으로 슬픔이를 해롭고 쓸모없는 감정이라고 여기며 슬픔이를 폐기장에 내버려두고 혼자서 본부로 돌아가려 한다. 이 모든 사건이 6분이라는 시간 안에 벌어지고, 각 사건은 별개이면서 서로 연결된 여러 층의 스토리에서 두 번째 구성점 역할을 한다.

3막에서 기쁨이는 슬픔이와 함께 감정 제어 본부로 돌아온다. 클라이맥스는 기쁨이와 슬픔이가 너무 늦기 직전에 본부로 돌아왔을 때 시작된다. 두 캐릭터는 피해를 수습하고 라일리를 우울증에서 구해내야 한다. 여기서 기쁨이는 내적 변화를 보여주며 슬픔이에게 본부의 제어판을 맡긴다. 그렇게 유대를 맺는 플롯과 주된 극적 질문('라일리와 감정들이 샌프란시스코로 이사 간 슬픔을 어떻게 해결할까?')을 모두 풀어낸다. 슬픔이는 자신 있게 제어판을 조작하고 자신과 기쁨이가 그 제어판을 함께 조작할 수 있다는 사실을 본능적으로 깨달으면서 새롭게 찾은 목적의식을 보여준다.

✏️ 실전 연습

- -

1. 여러분의 이야기에는 픽사의 3부 구조가 모두 들어가 있는가?

2. 여러분의 이야기 속 세트 피스, 추격, 생사가 걸린 큰 위험이 따르는 액션 플롯은 무엇인가?

3. 여러분의 이야기 속 진실되게 유대를 맺는 플롯은 무엇인가?

4. 위의 플롯들은 중심 스토리와 어떻게 깊이 연결되는가?

5. 등장인물들은 어떤 상반된 관점과 감정적 장벽으로 불화를 겪고 있는가?

6. 주인공이 해결해야 하는 내면의 투쟁은 무엇인가?

7. 그 투쟁은 이야기 속 다른 스토리라인과 어떻게 긴밀하게 연결되는가?

8. 그 투쟁은 어떻게 다른 스토리들을 통해 극적으로 드러나는가?

9. 각 스토리들은 강렬하고 분명한 방식으로 클라이맥스에 이르는가?

"나는 결말을 발설하는 부류가 제일
    싫어."

                              — 〈벅스 라이프〉, 호퍼

9장

결말

우연 대 캐릭터

　　만족스러운 결말을 완성하는 것은 작가에게는 가장 어려운 일 중 하나다. 좋은 결말은 너무 뻔하지 않으면서 타당해야 한다. 약간의 반전이 있어야 함은 물론이고 그 결말로 가는 과정을 밝히고 정당한 이유를 보여줘야 한다. 그 결말을 주인공의 행동, 그리고 성향과 단단히 연결해야 한다. 등장인물이 결말에서 취하는 행동은 그 인물이 해온 여정의 직접적인 결과여야 한다. 즉 우연이 없어야 한다.

　살면서 우연은 일어난다. 뜬금없고 통계적으로 있을 수 없는 일이 매일같이 일어난다. 하지만 그런 우연이 중요한 순간에 등장인물에게 일어나서는 안 된다. 좋든 나쁘든 등장인물의 운명이 우연히 결정되게 두면 우리 관객에게서 이 인물의 진짜 정체를 알아낼 기쁨을 앗아가는 것이다. 〈벅스 라이프〉의 결말을 생각해보라. 새 한 마리가 그럴듯하게 하늘에서 내려와 영화의 어느 순간에 호퍼를 먹어 치웠을 수도 있지만, 그렇게 되면 좋은 스토리가 되지 않는다. 하지만 플릭이 의도적으로 호퍼를 새 근처로 유인해 목숨을 걸고 새가 가짜라고 믿도록 속일 때 플릭은 승리자가 된다. 그리고 우리에게 용기와 오만함에 대한 메시지를 전하는 사건이 된다. 무엇보다 우리는 그 행동에 몰입해 서스펜스를 경험한다. 우리는 갈등, 즉 대립하는 두 힘을 보면서 궁금해한다. '누가 이 길까?' 플릭은 자신의 계획을 실행에 옮기고 호퍼를 무찌를 수 있을까, 아니면 실패할까? 우연의 일치는 우리에게 그런 만족감을 앗아간다.

〈월-E〉는 어느 정도는 우연한 발견을 보여준다. 월-E는 인류를 구하러 나서지 않으며, 실제로 자신이 일으키는 변화를 이해한다는 사실을 암시하지도 않는다. 하지만 월-E는 의도적으로 이브의 마음을 얻으려 하며, 그래서 작은 식물을 안전하게 지키라는 이브의 명령을 의도적으로 돕는다. 일어나는 모든 사건은 이 목표를 이루기 위해 월-E가 하는 노력의 결과다. 주인공은 자신의 여정이 어떤 영향을 미칠지 제대로 이해하거나 예상하지 못할 수도 있다. 그래도 괜찮으며, 심지어 그것이 바람직한 상황이기도 하다. 〈니모를 찾아서〉에서 말린은 아들을 구하려는 노력이 아들에게 더 많은 자유를 허용해도 괜찮다는 교훈을 안겨줄지 예상할 수 있었을까? 〈몬스터 주식회사〉에서 설리와 마이크는 자신들이 몬스트로폴리스의 우수한 대체에너지를 찾아낼 거라고 예상할 수 있었을까? 그렇지 않다. 하지만 그들은 모두 분명한 목표와 감정이 이끄는 나침반을 지침으로 삼아 만족스러운 해결책을 찾아냈다.

우연은 〈메리다와 마법의 숲〉 초반에도 일어난다. 메리다는 마녀를 찾아가 어머니가 바뀌게 해달라고 부탁한다. 마녀는 메리다의 어머니를 하필이면 곰으로 바꿔버린다. 메리다의 아버지는 몇 년 전 사나운 곰 모르두에게 한쪽 다리를 잃은 후 곰이라면 치를 떤다. 처음에 이 설정은 메리다가 감당해야 하는 위험을 높이기 위해 만든 인위적인 우연처럼 보인다. 하지만 이야기가 전개되면서 우리는 모르두가 스토리의 중요한 부분임을 알게 된다. 영화 초반에 엘리노어 왕비가 이야기했던 전설이 눈앞에서 펼쳐지면서 왕비가 마녀의 첫 번째 희생양이 아님이 드러난다. 모르두는 그저 위협적인 곰에서 빌런의 자리로 올라서며, 무엇보다 주문을 제때 풀지 못하면 엘리노어의 운명이 어떻게 될지 통렬하게 일깨워주는 존재로 격상된다. 우연처럼 보였던 사건을 스토리와 그 세계의 가치에 세심하게 녹여내며 결과적으로 곰에 대한 마녀의 집착을 보여준다. 또한 모르두와 메리다는 서로를 거울처럼 비춘다. 장정 열 명을 합친 것보다 강한 힘을 가져 왕국을 통치하려고 했던 전설 속 왕은 이기적인 욕망을 버리지 못해 모르두로 남았다. 하지만 메리다는 엘리노어가 자신의 인생과 운명에서 중요한 존재라는 사실을 깨달음으로써 늦기 전에 어머니를 원래 모습으로 돌아오게 만든다.

 ## 변화의 간략한
5단계

앞에서 '변화는 갈등의 평가 기준이다'라고 했다. 이러한 변화의 정도는 대개 이야기의 클라이맥스, 보통은 등장인물의 결정적 선택을 통해 제일 잘 드러난다. 특히 픽사의 영화 속에서 대개 이런 선택에는 어느 정도의 희생이 따른다. 등장인물의 이런 궁극적인 변화를 분명히 보여주고 이 같은 희생을 그럴듯하며 의미 있게 만들기 위해서는 스토리 전체에 걸쳐 변화를 구축해가거나 그 변화에서 거꾸로 돌아갈 필요가 있다. 이처럼 변화가 있는 결말을 만들어내기 위해서는 지금까지 이야기한 요소들을 모두 협력하여 사용해야 한다. 그래야 클라이맥스에 다다랐을 때 전체 스토리에서 의도한 의미가 유기적이고 설득력 있게 느껴진다.

1) **기존의 결점**: 등장인물이나 세계 속에 심겨진 문제이다. 그 문제는 관객이 눈치챌 수 있을 만큼(하지만 집중하지는 않을 정도로) 커야 하지만, 주인공이 그 문제를 가지고도 어느 정도 평온한 삶을 꾸려갈 수 있을 만큼은 작아야 한다. 〈니모를 찾아서〉 속 말린의 과잉보호, 〈메이의 새빨간 비밀〉 속에서 어머니와 주변 사람을 기쁘게 하기 위해 자신의 욕망을 억누르는 메이의 태도가 그렇다. 주인공들을 이 불완전하고 현실 안주적인 존재에서 벗어나게 해주는 유일한 것은……

2) **불편**: 안주라는 차선책을 선택하기 힘들게, 심지어는 완전히 불가능하게 만드는 어떤 일이다. 대개 이 일은 촉발 사건이다. 〈코코〉에서 엘레나는 미구엘의 기타를 박살 내고, 〈업〉에서 칼은 자기 집에서 쫓겨날 위기에 처한다. 때로 이런 사건은 실제 촉발 사건의 근처에서 펼쳐진다. 〈온워드: 단 하루의 기적〉에서 우리는 이안이 자신의 두려움을 마주하지 못해 중요한 것들(운전면허, 친구)을 잃어버

리고 형 때문에 난처해지는 상황을 목격한다. 그런 뒤 아버지의 마법 용품을 선물로 받으며 영화의 플롯이 시작된다. 이 같은 '불편한 침입'을 피하고 새롭게 끼어드는 문제를 해결하기 위해 등장인물은 익숙한 일상을 벗어나 길을 나선다.

3) **여정**: 본질적으로 2막, 더 구체적으로 말하자면 등장인물이 자신의 불편을 끝내기 위해 떠나는 모험이다. 미구엘은 선조들의 축복을 받아 음악을 연주하기 위해 죽은 자들의 세계로 깊이 들어간다. 〈루카〉에서 루카와 알베르토는 베스파를 손에 넣겠다는 일념으로 지방의 마을로 떠난다.

4) **발견**: 여정은 유머와 액션, 서스펜스도 있어야 하지만 무엇보다 등장인물이 전에는 알지 못했던 무언가를 배우도록 이끌어야 한다. 그리고 이 발견이 여정을 떠나기 전에 품었던 인생관과 세계관을 바꾸어야 한다. 메이는 아버지가 판다로 변한 자신의 모습을 좋아하며, 자신은 형편없는 면이 있더라도 사랑받을 수 있다는 사실을 깨닫는다. 〈메리다와 마법의 숲〉에서 메리다는 어머니가 말한 전설이 사실이며, '곰이 되는 저주'가 이전에도 일어났음을 알게 된다. 왕족의 이기심 때문에 무시무시한 곰 모르두가

탄생했고 왕국에 전쟁을 일으킨 것이다. 가끔 이런 깨달음의 대상이 주인공이 아닐 때도 있다. 〈월-E〉에서 이 깨달음은 우주선의 선장이 얻는다. 선장은 오토가 인류의 운명을 너무 긴 시간 강제로 좌지우지하고 있었음을 깨닫는다. 이런 발견은 등장인물에게 길을 열어준다.

5) **변화**: 이것이 앞서 이야기한 '성장'이며, 스토리 속 감정의 클라이맥스다. 주인공은 영화 시작부에서 예상했던 것과는 완전히 다른 삶을 산다. 대개는 영화의 플롯과 영화 1막에 나오는 기존의 결점을 모두 해결한다. 〈라따뚜이〉에서 레미는 인간과 쥐 모두와 손잡고 음식을 만들어 이고의 마음을 얻고, 〈토이 스토리 3〉에서 우디는 장난감들의 새로운 삶을 준비하고 앤디에게 작별을 고한다. 때로 변화는 주인공의 주변에서 벌어진다. 미구엘은 자신의 가족사에 얽힌 진실을 이용해 역사를 바로잡고 가족의 삶에 음악을 다시 들여온다. 월-E도 자신은 크게 변화하지 않지만, 함께한 모험 덕분에 이브와 선장이 변화한다.

위 스토리들은 너무 광범위해 실제로 하나의 아이디어를 여러 장면으로 발전시키는 데는 도움을 주지 못한다. 특히 여정은 대단히 광범위한 '단계'다. 하지만 이 다

섯 가지 단계를 알면 캐릭터 아크의 골격, 그리고 등장인물의 여정과 여러분의 플롯이 실제로 무엇을 갖춰야 하는지 알게 되고, 이야기의 결말에서 주인공의 변화까지 쭉 이어진다. 변화는 이야기 초반에서는 결코 하지 않았을 주인공의 결정적 선택을 통해 드러나며 대개 어느 정도의 희생이 따른다.

〈루카〉 덕분에 나는 변화로 가는 여정에서 픽사의 캐릭터 아크가 종종 멈추는 곳이 하나 더 있음을 깨달았다. 바로 희생의 정반대편에 있는 개념이다.

 ## 배신과 희생

내가 〈루카〉를 처음 봤을 때 숨이 턱 막힌 장면이 있다. 배신의 순간이다. 우리는 이야기에서 자주 배신을 마주한다. 보통은 같은 편인 척하는 빌런이 저지른다. 하지만 〈루카〉에서 배신자는 주인공 루카 자신이다. 이는 픽사가 일부 영화에서 사용하는 방식이기는 하지만, 보기 드문 서사 장치다. 그런데 어떤 서사를 위해서일까?

우리는 배신을 고유한 종류의 죄로 여긴다. 대부분의 문화권에서 반역죄는 엄벌의 대상이며, 우리는 전부 '뒤통수 치는' 사람들을 혐오한다. 배신의 실제 결과와는 상관없이 배신은 심각한 마음의 상처를 일으키는 것처럼 보인다. 배신은 불공정한 싸움이다. 우리가 누군가에게 주기로 선택한 신뢰를 이용하기 때문이다. 픽사는 정확히 그런 식으로 배신을 활용한다. 주인공이 성장을 향해 가는 여정에서 가장 힘든 순간을 만드는 것이다.

앞에서 언급했듯 2막이 끝나는 지점은 대개 최악의 상태다. 또한 이 지점은 성장의 플롯에서 보통 상황이 최악에 이르는 순간이며, 관객은 희망이 모두 사라지고 우리의 주인공들이 어쩌면 실패할 수도 있다고 느낀다. 동시에 여기서는 우리 주인공들의 도덕심 역시 최악의 상태다. 픽사 영화가 대부분 성장의 스토리이기 때문에 도덕심이 약해지는 순간도 당연히 나오게 된다.

〈루카〉에서 배신은 인간 소년인 척하던 루카가 선택의 순간을 마주했을 때 일어난다. 물에 닿지 않으면 영락없이 평범한 소년처럼 보이는 두 어린 바다 괴물 루카와 알베르토는 인간 마을에서 열리는 철인 삼종 경기에 출전해 꿈의 오토바이 베스파를 타겠다는 일념에 불타오

르며 깊은 우정을 쌓는다. 하지만 이는 위험한 계획이었다. 경기가 열리는 마을은 바다 괴물을 사냥해온 긴 역사가 있기 때문이다.

루카와 알베르토는 아웃사이더 인간 소녀 줄리아와 한 팀이 되어 경기에 나가기로 한다. 하지만 루카와 줄리아가 공부와 과학에 대한 관심을 나누며 가까워지면서 알베르토는 질투심을 느낀다. 절친을 잃을까 두려워진 알베르토는 자신이 바다 괴물임을 드러내며 루카의 정체까지 밝히려 한다. 하지만 루카는 그 상황을 설명하거나 알베르토를 보호하는 대신 바다 괴물의 모습이 된 알베르토를 가리키며 공포에 질려 소리친다. "바다 괴물이다!" 그 소리를 들은 마을 사냥꾼들이 몰려와 알베르토를 공격하고 알베르토는 가까스로 도망친다.

이때 나는 숨을 헉 내쉬었다. 루카가 이런 일을 할 수 있을 거라고 꿈에도 생각하지 못했기 때문이다. 맞다. 루카는 인간 세상에 섞여들기를 간절히 바라고, 줄리아는 루카에게 중요한 사람이다. 그리고 알베르토는 어리석게 굴었다. 하지만 루카는 둘 사이의 우정뿐 아니라 세상의 박해를 받는 자신의 종까지 모두 내던졌다. 마치 나치 독일에서 다른 유대인을 밀고해 위기를 모면하고 목숨을 건진 유대인처럼 느껴진다. 이는 과한 생각일지도 모르지만, 어쨌든 〈루카〉가 다름과 박해라는 주제를 다루고 있음은 분명하다. 이런 맥락에서 루카는 자기혐오의 행동을 한 것이다. 물론 나중에는 실수를 만회할 기회를 갖는다.

영화의 클라이맥스에서 루카가 많은 사람이 참석한 경기에서 자전거 경주를 하는 가운데 하늘에서 비가 내리기 시작한다. 친구의 목숨이 걱정된 알베르토가 우산을 들고 나타나 루카를 지키려고 하지만 영화 속 빌런인 골목대장 에르콜레가 알베르토를 넘어뜨린다. 알베르토는 빗속에 떨어지며 마을 사람들이 모두 보는 앞에서 바다 괴물로 변한다. 하지만 이제 루카는 전보다 성장했다. 자전거로 빗속을 뚫고 달려 바다 괴물인 자신의 정체를 드러내고 목숨을 걸고 알베르토를 구한다. 결국 줄리아 아버지의 도움으로 마을 사람들은 둘을 그 모습 그대로 받아들인다.

도덕심이 옅어지는 순간은 스토리에 또 한 겹의 감정적, 지적 층위를 더하는 데 중요한 역할을 한다. 2막의 특징은 갈등과 발견이며, 둘 다 주인공의 변화와 성장을 촉진해 앞에서 이야기한 결정적 선택을 하게 만든다. 하지만 우리가 주인공이 영화의 3분의 2 동안만 이기는 플롯을 좋아하지 않듯이 내면의 여정에서도 마찬가지다. 주인공은 적대자를 만나 넘어지듯이 성장의 길에서도 넘어져 비틀거려야 한다. 그리고 대개 그 순간은 그들이 배워야 하는 것, 내면의 양심을 외면하면서 만들어진다.

또 다른 예가 있다. 〈라따뚜이〉에서 링귀니는 성공을 맛보고 우쭐해지면서 어쩌면 레미가 필요하지 않을지도 모른다고 생각하기 시작하고, 심지어 레미가 한 일의 공을 가로챈다. 링귀니의 이 배신은 레미의 배신으로 이어진다. 레미가 늘어난 쥐 무리를 초대해 레스토랑 주방의 음식을 먹어 치우게 하는 장면에서다. 레미는 루카보다 더 노골적으로 자신의 가치를 저버린다. 영화 초반에서 레미는 아버지와 말다툼하며 "우리는 도둑이 아니다"라고 주장한다. 레미는 훔치지 않고 만들어내길 바란다. 하지만 레미의 아버지는 레미에게 인간 세계에 대해 경고하고, 링귀니의 배신으로 상처 입은 레미는 아버지의 말이 맞을지도 모른다고 생각한다. 그래서 레미는 양심의 소리를 무시하고 도둑질을 용납하여 결코 되고 싶지 않았던 도둑이 된다.

또 배신은 더 정교한 방식으로 활용된다. 〈엘리멘탈〉

에서 주인공 앰버의 감정적 혼란은 대개 스스로 아버지에 대한 배신이라고 생각하는 일에 심한 죄책감을 갖는 데에서 비롯된다. 바로 아버지를 대신해 가게를 운영하는 데 관심이 없다는 사실이다. 앰버는 영화의 마지막까지 이런 마음을 입 밖으로 내지 않지만, 이런 식의 생각과 마음을 품은 것에 대한 죄책감 때문에 영화 내내 감정을 억누른다. 〈토이 스토리 3〉에서 장난감들이 랏소의 공포정치를 끝내는 유일한 방법은 그의 힘센 행동 대장 빅 베이비에게 랏소 역시 그를 배신했음을 보여주는 것이었다. 빅 베이비는 랏소의 방식을 좋아한 적이 없지만 주인에게 같이 버려졌다는 이유로 그와 가까워졌기 때문이다. 우디가 빅 베이비가 버려졌다는 건 랏소의 거짓말이었다고 말하자 그들의 관계는 멀어진다.

우리는 친구를 저버릴 수 있다. 우리가 속한 집단을 저버릴 수 있다. 우리의 가치를 저버릴 수 있다. 이런 배신은 우리 모두에게 이따금 일어나며, 되도록이면 사소한 편이 좋다. 그리고 넘어졌을 때 우리 역시 루카처럼 만회할 기회를 갖는다. 루카가 떠나는 전체 내면의 여정, 즉 변화는 배신의 반대말이자 해결책인 희생을 보여준다. 배신이 개인적 이득을 위해 어떤 사람 또는 자신이 소중히 여겼던 가치를 버리는 행위라면 희생은 더 중요한 어떤 사람이나 가치를 위해 개인적 이득을 포기하는 행위다. 실제로 조지프 캠벨Joseph Campbell이 강력하게 주장하듯 이런 식으로 희생할 수 있는 사람이야말로 영웅이라고 할 수 있다.[4]

해결:
새롭고 건강한 세계 보여주기

우리는 관객이 등장인물이 변화하는 모습을 지켜보는 것을 얼마나 좋아하는지 이야기했다. 이 변화는 파급효과를 만들어낼 때 만족스러우면서도 더 의미 있고 무게감 있게 느껴진다. 픽사의 많은 영화에서 주인공이 떠나는 여정은 대개 주인공 주변 사람들이 살기에 더 좋은 세상를 만들고 세계의 결점을 바로잡는다.

이는 〈월-E〉와 〈벅스 라이프〉, 〈몬스터 주식회사〉에서 가장 분명하게 드러난다. 이 세 영화에서는 처음엔 개인

---

4 조지프 캠벨, 이윤기 옮김, 《천의 얼굴을 가진 영웅》, 민음사, 2018.

적인 것처럼 보이는 이야기가 세계관 전체에 의미 있는 변화를 가져온다. 이브의 사랑을 얻기 위한 월-E의 여정은 결국 인류를 지구로 귀환시켜 수백 년 만에 식물을 키우게 만든다. 개미 집단에 입힌 손해와 위험을 만회하려는 플릭의 노력은 결국 개미 집단을 메뚜기 떼의 위협에서 영원히 벗어나게 하고, 플릭이 직접 개발한 새롭고 효율적인 수확 방식을 받아들이게 만든다. 앞에서 이야기했듯 인간 아이 부를 집으로 돌려보내려는 마이크와 설리의 노력은 결국 몬스트로폴리스가 지키던 원칙을 바꿔놓는다. 아이들을 겁주는 대신 웃게 만들면 더 많은 에너지를 얻을 수 있다는 것. 몬스터들은 더 이상 몬스터로 살 필요가 없다.

이런 변화는 대개 시각적으로 묘사된다. 〈월-E〉의 결말에서 우리는 선장이 아이들과 식물의 씨를 뿌리는 장면을 본다. 〈벅스 라이프〉의 개미들은 플릭이 만든 기계를 이용해 수확을 한다. 〈몬스터 주식회사〉는 특히 강렬한 영상을 보여준다. 영화 초반에는 모든 몬스터가 송곳니를 닦아 광을 내고, 몸집을 부풀리고, 발톱을 늘리는 등 아이들을 겁줄 준비를 하지만, 마지막에는 (유명한 개그 레퍼토리를 참고해) 아이들을 웃길 준비를 한다.

변화가 꼭 이처럼 큰 규모로 일어날 필요는 없다. 더 작은 변화일 수도 있다. 〈인크레더블〉에서 슈퍼히어로 가족은 초능력을 남용하지 않고 적절히 이용해 달리기 시합을 하는 대쉬를 응원한다. 〈업〉에서는 칼이 내적 변화를 겪으면서 러셀은 아버지의 빈자리를 채워줄 사람을 갖게 된다. 이 같은 변화는 칼이 러셀의 보이스카우트 수료시에 참석해 엘리의 그레이프 소다 배지를 달아준 뒤 자동차를 구경하며 함께 노는 장면에서 확인할 수 있다.

처음으로 돌아가기:
잊고 있던 질문에 답하기

강렬한 결말을 만드는 한 가지 방법은 아마도 관객이 잊고 있거나 심지어 한 번도 생각한 적은 없지만 반드시 던져야만 하는 질문에 답하는 것이다. 〈업〉의 3막 초반쯤에서 칼은 러셀과 더그와의 관계를 끊고 자포자기해 자신의 집에 앉아 있다. 안전한 집 안에서 칼은 엘리와 함께 만들고 '나의 모험 책'이라고 이름 붙인 스크랩북을 내려다본다. 지금은 슬픔과 후회로 훼손된 아름다운 옛 추억을 넘겨 본다. 우리는 영화 초반에 이 책을 본 적이 있다. 사랑하는 부부가 둘이 함께한 경험으로 스크랩북을 하나하나 채우던 모습을 지켜봤다. 하지만 칼이 책의 마지막 장에 이르렀을 때 우리는 칼(과 관객)이 보지 못한 한 페이지가 있었음을 발견한다. 엘리가 남긴 메모다. "모험을 함께해줘서 고마웠어요. 이제 새로운 모험을 하러 떠나요." 사랑하는 사람이 남긴 이 메시지를 본 칼은 러셀과 더그를 다시 찾아 케빈을 구하러 간다.

이런 패턴은 다른 영화에서도 찾을 수 있다. 〈몬스터주식회사〉 초반에 마이크는 무심코 부를 웃게 만들고, 후에 웃음은 몬스트로폴리스가 겪는 에너지난의 해결책이 된다. 또 다른 예는 〈라따뚜이〉 마지막 장면에 나오는 이고의 독백이다. 이고는 영화 오프닝에서 했던 말을 뒤집어서 한다.

- 결말은 등장인물의 고유한 개성을 담고 있어야 하며 등장 인물이 선택한 길의 직접적인 결과여야 한다.
- 결말이 예상 가능하거나 뻔해서는 안 되며 반드시 주인공 의 여정과 관련이 있어야 한다.
- 대개 결말은 주인공의 변화를 담아내게 된다. 변화는 이 야기 초반에 나온 기존의 결점과 반대되는 상태이며, 2막 에서 펼쳐진 여정에서 주인공이 한 발견의 결과일 확률이 높다.
- 결말을 유기적으로 만드는 또 한 가지 방법은 이야기 초 반에 슬쩍 심어둔 씨앗과 관련된 결말을 내는 것이다. 관 객들은 그런 사소한 부분을 기억하지 못할 테니까 말이다. 이 씨앗이 무사히 자라 해결책이 되면 관객은 점차 한마 음으로 결속되며 결말의 의미는 더 큰 설득력을 얻을 것 이다.
- 많은 픽사 영화의 결말은 더 나은 세상을 만드는 이야기다.
- 가장 감동적인 결말은 등장인물이 경험한 여정의 긍정적 결과를 최대한 시각적으로 보여준다.

✏ 적용: 〈인사이드 아웃〉

〈인사이드 아웃〉에서 해결책을 이끌어내는 가장 큰 힘은

192

빙봉의 자기희생과 기쁨이의 끈기, 그리고 본부에서 슬픔이가 하는 역할에 대한 기쁨이의 깨달음이다. 여기에 우연은 없다.

클라이맥스는 기쁨이의 변화에 달려 있는데, 기쁨이는 라일리가 늘 행복해야 한다는 처음의 철석같은 믿음을 버리고 슬픔이와 협력해 라일리를 구한다. 즉, 라일리가 슬픔을 마음껏 느끼도록 둔다.

이런 결과가 나온 원인을 찾아 영화 초반으로 가보자. 우리는 라일리가 처한 새로운 환경과 라일리가 슬픔을 더 많이 느끼는 상황을 기쁨이가 불편해하던 것을 기억한다. 기쁨이는 본부에서 가장 주도적인 캐릭터였지만, 라일리가 새로운 환경에서 더 강하게 느끼는 감정은 슬픔이기 때문이다. 이런 불편함은 일련의 사건을 통해 슬픔이와 기쁨이가 본부 밖으로 밀려나는 여정을 떠날 때까지 서서히 쌓이고, 이 여정에서 기쁨이는 의미 있는 발견을 하게 된다. 이 발견은 앞에서 언급한 관객이 잊고 있던 질문 중 하나를 통해 일어난다.

영화의 앞부분에서 기쁨이와 슬픔이는 라일리가 겪은 어느 하루를 이야기한다. 슬픔이가 그날의 기억을 좋아하는 이유는 라일리가 골을 넣지 못해 팀이 경기에서 졌기 때문이다. 한편 기쁨이가 그날의 기억을 좋아하는 이유는 라일리의 부모님과 팀 동료들이 모두 와서 라일리를 격려해줬기 때문이다. 관객들은 이 상반된 이야기를 들으며 이야기에 내재된 갈등을 알아차리지만, 더 시급한 사건에 집중하느라 잊어버린다. 바로 라일리가 집을 나가고 기쁨이가 기억의 폐기장으로 떨어지는 사건이다.

그곳에 발이 묶인 기쁨이는 그 기억을 찾아내고 되새긴다.

그리고 실은 슬픔이의 말이 맞았음을 알게 된다. 두 기억 모두 사실이었다. 게다가 슬픔이가 만든 슬픔이 라일리의 부모님과 팀 동료들을 불러 모아 기쁨이가 좋아하는 행복한 기억을 만들어냈다. 기쁨이는 처음으로 슬픔이의 존재 이유를 깨닫고 영화의 클라이맥스에서 이런 깨달음을 활용한다.

〈인사이드 아웃〉에도 훌륭한 배신 장면이 나온다. 2막 거의 끝부분에서 기쁨이가 본부로 돌아가는 방법을 찾았다고 생각하는 짧은 순간에서다. 기쁨이는 자신과 기억 구슬을 안전하게 돌려보낼 수 있는 수송관을 발견한다. 하지만 목숨을 구할 이 수송관에 슬픔이가 함께 타자 기억들은 파란색으로 변하고 슬픔으로 물든다. 기쁨이는 슬픔이의 역할을 조금씩 깨닫기 시작했고 라일리의 머릿속 위험한 광야에서 슬픔이와 협력하지만, 여전히 라일리를 행복하게 해야 한다는 강박이 심하다. 그래서 기쁨이는 슬픔이를 밀어내고 혼자서 수송관에 탄다. 이 순간에 기쁨이는 쌓아온 슬픔이와의 우정, 그리고 인간의 기본적인 가치까지 저버리고 슬픔이가 죽게 내버려둔다. 의심할 여지없이 도덕심이 옅어진 순간이다. 기쁨이의 계획은 역효과를 낳으며 자신과 빙봉, 그리고 핵심 기억들을 기억의 폐기장으로 떨어지게 만들고, 그곳에서 그들은 사라질 위기에 처한다(이때 영화는 최악의 상황으로 치닫는다).

결말은 기억 구슬의 색깔을 통해 시각적으로 표현된다. 영화 초반부에서 각 기억은 한 가지 색이었다. 즉 한 가지 감정으로만 물들어 있었다. 하지만 후반부에서 본부의 선반은 알록달록 여러 색의 기억들로 채워진다. 훌륭한 시각적 방법으로 우리에게 감정들이 협력하는 법을 배웠고 그 결과 라일리는 더 풍요롭고 완전하고 성숙한 감정을 갖게 됐음을 보여준다. 새롭고 복잡해진 제어판, 그리고 새로 생긴 수많은 성격 섬 역시 라일리의 성장을 보여주는 시각적 단서들이다.

✏️ **실전 연습**

- -

1. 여러분 이야기의 결말은 우연인가, 아니면 일련의 인과 관계를 통해 등장인물의 행동과 연결되는가?

2. 결말은 등장인물의 성격에 대해 어떤 새로운 사실을 알려주는가?

3. 결말은 어떤 점에서 이야기의 뗄 수 없는 부분처럼 느껴지는가?

4. 결말은 이야기 후반까지 답하지 않고 남겨둔 극적 질문을 통해 플롯과 깊이 연결되는가?

5. 그럴듯하며 깊은 결정적 변화의 순간으로 이어지는 기존의 결점, 불편, 여정, 발견은 각각 무엇인가?

6. 어떤 배신의 순간을 이용해 등장인물들이 각자의 여정에서 더 나은 삶을 위해 고군분투하는 모습을 보여주려고 했는가?

7. 이야기는 어떤 파급효과를 만들어내는가? 즉 결말은 주인공 주변의 사람들과 주인공이 속한 사회 또는 세계의 무언가를 어떻게 바꾸는가?

8. 이 변화를 어떠한 시각적 요소로 분명하고 강렬하게 표현하고 있는가?

"전설은 교훈과 진실을 담고 있지."

— 〈메리다와 마법의 숲〉, 엘리노어

10장

주제

주제란 무엇인가?

주제는 규정하기 힘든 개념이고 굉장히 다양한 방식으로 접근할 수 있다. 이번 장에서는 주제를 여러분의 이야기가 근본적으로 전하고자 하는 어떤 추상적인 개념이라고 생각해보자. 여러분의 이야기는 보편적이고 영원무궁한 주제를 제시하고 탐구하는가? 이야기의 어떤 부분이 인간적인 면을 담고 있는가?

〈니모를 찾아서〉는 바닷속의 수많은 위험을 뚫고 아들을 찾아 나서는 흰동가리 이야기지만, 영화의 주제는 부모의 역할이다. 〈라따뚜이〉는 요리사가 되고 싶은 쥐 이야기지만, 영화의 큰 주제는 창의성과 개성이다. 더불어 가족, 전통, 평론에 대한 이야기도 다룬다. 〈카〉는 중요한 경주에서 우승하겠다는 열망을 품은 레이싱카 이야기지만, 주제는 우리가 효율성, 현대성, 이기적인 목표에 현혹될 때 무엇을 놓치는지 이야기한다.

〈니모를 찾아서〉의 전체 플롯을 바꾸더라도 영화의 주제는 그대로 가져갈 수 있다. 영화는 아들(또는 딸)을 찾아 은하계를 여행하는 외계 생명체에 대한 이야기가 될 수도 있었다. 상어 대신 화성인을 넣고, 인간 스쿠버다이버 대신 인간 우주비행사를 넣을 수도 있었다. 하지만 아들의 안전에 지나치게 집착하는 슬픔에 빠진 아버지 말린의 동기가 변하지 않는다면 영화의 주제 역시 변하지 않는다. 주제는 수많은 장면과 추적, 유머 등의 이야기가 만들어내고 보여주고자 하는 어떤 것이다.

주제 정하기 1단계:
스토리의 핵심 찾아내기

주제는 이야기 안에서 자연스럽게 드러나면 제일 좋다. 〈토이 스토리〉 시리즈는 첫 세 편에 걸쳐 쏜살같이 흐르는 세월, 유년기와의 불가피한 작별, 변화와 상실에 적응하고 이를 받아들이지 않는다면 누구에게나 닥칠 쓸모없는 존재가 되는 순간을 적나라하게 보여준다. 이 모든 것은 장난감의 숙명이다. 픽사는 이런 주제를 대놓고 언급하지 않는다. 〈토이 스토리〉에서는 이 주제를 그저 살짝만 건드리고 지나간다. 하지만 픽사가 장난감을 주인공으로 정한 이상 이 문제는 제기될 수밖에 없다. 어린 시절 살았던 집을 찾아가본 적이 있는 사람이라면 누구나 알겠지만, 장난감은 상자와 벽장, 다락, 차고로 향할 운명이다. 과거에 대한 향수 때문에 이 장난감들을 치우는 건 늘 슬프고 힘들다. 또한 장난감은 항상 사라지거나 잊혀지거나 망가지거나 장난감으로서의 수명이 끝날 위험에 처해 있다. 픽사는 장난감을 영화의 주인공으로 정한 만큼 이 주제를 풀어내야 했다. 이에 대한 고민은 〈토이 스토리 3〉에서 매우 감동적인 장면을 만들어낸다.

픽사가 다루는 다른 주제로는 개성의 문제를 이야기하는 개미 세계(〈벅스 라이프〉), 평범한 삶과 특별한 삶을 사는 문제를 제기하는 슈퍼히어로 가족(〈인크레더블〉), 보통의 재능과 꿈을 좇는 문제를 이야기하는 몬스터들의 대학교(〈몬스터 대학교〉) 등이 있다.

주제 정하기 2단계:
스토리 전체에 주제 녹여내기

자, 이제 주제를 찾았다고 치자. 주제는 여러분이 만든 세계의 유기적인 부분이며, 심지어 이야기의 일부이기도 하다. 어떻게 하면 주제를 더 명확하게 만들 수 있을까? 어떻게 하면 주제를 더 풍성하게 만들 수 있을까? 어떻게 하면 그 주제를 어디에나 있는 평범한 주제가 아니라 여러분의 이야기 세계에만 있는 독특한 주제로 만들 수 있을까? 주제를 세계 안에 존재하게 만들어야 한다.

하나의 주제를 여러 각도로 살펴보기 위해 그 주제를 대하는 태도가 각기 다른 인물이나 집단이 모인 복잡다단한 환경을 만들 수도 있다. 이 등장인물들은 작가가 정한 주제의 다양한 면을 구현할 수 있고, 대개는 주인공이 지닌 상반되는 면들을 표현한다. 〈라따뚜이〉는 조연들을 영화의 주제, 그리고 레미가 씨름하는 갈등 그 자체이자 변주로 활용한다. 특히 구스토와 이고가 완벽한 본보기인데, 두 사람은 〈라따뚜이〉가 다루는 주제의 양극단을 대변하는 인물이다.

앞에서도 언급했듯이 적대자를 주인공의 반전된 거울상으로 그려 이야기의 주제를 강화할 수 있다. 미스터 인크레더블은 재능은 축하할 일이며 사회가 남들보다 특출난 재능을 드러내도록 격려하는 분위기가 되어야 한다고 생각한다. 그의 적대자인 신드롬은 특출함을 상품화해 재능을 특별하지 않은 것으로 만들고자 한다. 〈월-E〉의 자동조종 로봇 오토는 (생각해보면 주인공인 월-E와 그리 다르지 않게) 삶을 더 편리하게 만들기 위해 인간이 만든 기술의 살아 있는 화신이지만, 결국은 인간들을 대신해 결정을 내리며 인간을 약하게 만든다. 이브와 우주선의 선장은 둘 다 비슷한 결정적 선택을 한다. 자신들의 (문자 그대로 혹은 비유적으로) 프로그래밍을 무시하고, 어떤 위험이 따르든 스스로 원하는 삶을 산다. 오토가 우주선 액시엄의 명령과 규칙을 맹목적으로 따르는 모습은 둘의 이런 삶과 완전히 상반된다.

어떤 대상물에 주제와 관련된 의미를 불어넣는 방법도 있다. 〈업〉에 나오는 집을 생각해보자. 프롤로그에서는 왜 칼이 그 집에 그토록 애착을 갖는지, 집이 칼과 엘리가 함께 보낸 삶을 얼마나 고스란히 담고 있는지 견고하게 설정한다. 집을 떠나야 하는 상황이 되자 칼은 집에 풍선을 매달아 남아메리카로 탈출한다. 우리는 그 집이 칼에게 중요하다는 사실과 그 이유를 금세 알아차린다. 영화 내내 칼은 말 그대로 집을 지고 다닌다. 엘리를 잃은 고통과 슬픔을 품고 다니는 것처럼. 칼은 조심스럽게 집을 지키지만, 집은 천천히 망가진다. 집에 매단 풍선이

터지고, 창문이 깨지고, 여행하는 동안 조금씩 더 허름해진다. 이 모든 상황은 칼이 겪는 무의식적인 회복의 과정을 보여준다. 영화의 클라이맥스에서 칼은 새로운 삶을 시작하라는 엘리의 메시지에 힘을 얻어 위험을 감수하고 케빈과 러셀을 구하기로 작정한 뒤 집을 포기하고 먼츠를 무찌른다. 집이 천천히 칼에게서 멀어지고 칼이 이제 다시는 집을 볼 수 없으리라는 사실을 깨달을 때 러셀은 위로의 말을 건넨다. "집이 날아가서 유감이에요." 칼은 대답한다. "집은 그저 집일 뿐이야." 고통스러움에도 불구하고 엘리를 보내주고 새로운 삶을 살기로 한 칼의 내적 변화를 보여주는 말이다.

⟨메리다와 마법의 숲⟩ 속 세계에서 곰은 인간의 어두운 면을 상징한다. 곰은 우리의 어둡고 억눌린 욕망을 보여주는 길들지 않은 야생의 화신이다. 곰의 몸으로 사는 것은 억눌린 욕구를 건강한 방식으로 해소하지 못하는 이들에게 내려진 벌이다. ⟨월-E⟩에서는 오래된 뮤지컬 영화의 짧은 영상이 사랑을 표현하는 궁극적 방식이 된다.

픽사의 영화들은 대개 어느 한 순간에 영화의 주제를 직접적으로 또는 변주해서 보여준다. ⟨몬스터 대학교⟩에서 하드스크래블 학장은 "뛰어난 학생을 더 뛰어나게, 평범한 학생을 덜 평범하게 만드는 것"이 자신의 역할이라고 분명히 말함으로써 평범함을 다루는 영화의 주제를 강조한다.

〈니모를 찾아서〉는 말린이 고래의 몸속에 갇혀 (말 그대로) 모든 희망을 잃었을 때 자녀를 과잉보호하는 행동의 위험성에 대한 영화의 근본적인 주제를 이야기한다. 말린은 이렇게 말한다. "아들에게 어떤 일도 일어나지 않게 하겠다고 약속했어." 이 말에 도리는 지혜로운 답을 내놓는다. "웃기는 약속이네. 아들에게 어떤 일도 안 일어나게 하면 아무 일도 일어나지 않을 거야."

〈카〉에서 닥 허드슨은 맥퀸에게 그가 얼마나 이기적인지 단호하게 말하며 맥퀸의 결점을 지적하고 그가 변해야 하는 이유(맥퀸이 래디에이터 스프링스에서 사귄 친구들)를 알려준다. "본인 말고 다른 일을 마지막으로 신경 써 본 적이 언제인가? 한 번이라도 있으면 지금 한 말 다 취소하지. 아마 없을 거야."

〈라따뚜이〉의 오프닝과 클로징에서 이고가 하는 독백, 그리고 '누구나 요리할 수 있다!'는 구스토의 철학에 담긴 주제적 의미는 앞에서 이미 이야기했다.

앞에서 말했듯이 결말은 주인공과 적대자의 특성에서 비롯되는 게 좋다. 더 분명히는 승리를 끌어내는 그들의 가치, 신념, 특징에 집중해야 한다. 언급한 것처럼 〈업〉에 나오는 집은 고통스러운 과거에 붙잡혀 있는 칼의 슬픔을 드러내는 상징이다. 실제로 주인공 칼과 빌런 먼츠 둘 다 과거에 붙들려 사는 인물들이다. 어떻게 상대편을 패배시킬까? 칼은 어떻게 먼츠에게 최후의 일격을 가하는가? 자신의 집을 놓아버림으로써 그렇게 한다. 한 인물은 과거를 떠나보낼 수 있었지만, 다른 한 인물은 그러지 못했다. 그것이 칼의 승리를 끌어냈다.

〈코코〉의 클라이맥스가 또 다른 예다. 〈코코〉는 몇 대에 걸쳐 음악 때문에 분열된 가족의 이야기다. 미구엘의 할머니 엘레나는 자신의 할아버지가 음악가가 되려고 할머니와 어머니를 두고 떠났다고 믿어 음악을 혐오하고, 가족들에게도 음악을 듣거나 연주하는 것을 금지하는 강압적인 가모장이 된다. 이런 집안 분위기가 문제가 되는 건 미구엘이 음악에 열정을 불태우며 남몰래 기타를 연주할 때다. 엘레나가 이 사실을 알고 미구엘의 기타를 깨부수면서 미구엘은 집을 나가고 죽은 자들의 땅으로 가게 된다. 이후 많은 우여곡절 끝에 미구엘은 산 자들의 세계로 돌아오지만 새롭게 알게 된 사실과 급하게 해야 할 일을 안고서다. 엘레나의 할아버지 헥토르는 가족을 떠난 적이 없었고 오히려 그 반대였다. 헥토르는 음악을 그만두고 아내와 딸, 즉 지금은 치매에 걸린 미구엘의 증조할머니 코코와 더 많은 시간을 보낼 참이었던 것이다. 헥토르는 모두에게 잊혀 죽은 자들의 세계에서 사라지기 직전이다. 미구엘은 어떻게 코코가 수십 년 전에 잊어버린 자신의 아버지를 기억하게 만드는가? 당연히 음악을 통해서다. 미구엘은 엘레나의 반대를 뚫고 코코에게 헥토르의 자장가를 연주해줌으로써 아버지를 기억하게 만들어 헥토르를 구하고 헥토르에 얽힌 진실을 밝힌다.

볼 때마다 나의 눈물샘을 자극하고 할머니에게 전화를 걸게 만드는 이 영화의 클라이맥스가 아름다운 이유는 하나의 장면이 수겹의 의미를 담고 있으며(헥토르의 삶, 가족에 얽힌 진실, 미구엘이 음악가로 인정받는 순간, 아버지와 딸의 화해), 이 각각의 스토리와 극적 질문이 하나의 방식으로 해결되기 때문이다. 미구엘이 노래 한 곡을 연주하고 부른다. 바로 영화의 초반부터 미구엘이 하고 싶어했던 일이다.

음악은 어떻게 주제를 드러내는가? 표면적으로 보자면 〈코코〉의 주제는 음악이 가진 변화의 힘을 믿는 것이라고 할 수 있다. 하지만 이 장면은 더 깊은 갈등을 다룬다. 영화 초반에 미구엘은 가족과 개인적 성취라는 두 가지 양분된 선택지를 가진 것처럼 보인다. 미구엘의 가족은 미구엘이 본인의 꿈, 실제로는 정체성을 포기하기를 바란다. 헥토르는 가족도 성공도 얻지 못했지만 미구엘과 만날 때 그는 오로지 가족 문제에만 집중한다. 델라크루즈만이 개인적 성취를 이루었지만 자신의 길을 가로막는 건 그 무엇도 용납하지 않으며 살인도 불사한다. 그래서 미구엘은 자신의 딜레마를 해결할 온갖 다양한 해결책을 살펴보고 마침내 새로운 해결책을 찾아낸다. 자신의 가족에게 가족과 음악이 서로 등을 돌리지 않아도되며 실제로는 서로 도움이 될 수도 있음을 증명한다. 영화 초반에서 엘레나는 음악을 통해 가족을 분열시키고, 클라이맥스에서 미구엘은 음악을 통해 가족을 화해시킨다. 이미 이야기했듯이 레미는 〈라따뚜이〉에서 비슷한 길을 간다. 영화 내내 쥐와 인간의 페르소나 사이에서 갈팡질팡하던 레미는 어떻게 이고를 설득시키는 요리를 하는가? 인간과 쥐 모두를 주방에서 일하게 만들고, 쥐와 인간의 특성을 모두 활용하고, 둘 사이에서 양자택일하기보다는 둘을 합치는 방식으로 한다.

〈토이 스토리 3〉에 대해서는 이미 충분히 이야기했지만, 이 영화에도 이런 개념을 보여주는 사례가 있다. 우디는 폭력이 아니라 랏소의 오른팔인 빅 베이비에게 그의 주인은 그를 사랑했고 랏소가 그를 속였음을 폭로함으로써 랏소를 물리친다. 랏소는 "장난감을 진심으로 사랑하는 아이는 없어!", "우리는 모두 버려지길 기다리는 쓰레기일 뿐이야. 모든 장난감이 그래!"라고 소리치며 진짜 속마음을 드러낸다. 우디는 최악의 상황에서도 결코 하지 않은 말들이다. 빅 베이비에게는 너무 큰 충격이었다. 지금은 버려지고 혼자가 됐을지라도 빅 베이비는 여전히 과거 주인이었던 데이지를 사랑한다. 랏소의 배신과 본색을 알게 된 빅 베이비는 그에게 등을 돌린다. 주인의 사랑과 장난감으로서의 자부심이 또 한번 갈등을 해결한다.

〈엘리멘탈〉에서 앰버는 웨이드를 살려내려고 그의 물 가족이 하던 이해할 수 없는 전통, 즉 울리기 게임을 활용한다. 분명 앰버의 가족에게는 익숙하지 않은 문화다. 앰버는 웨이드의 풍부한 감정을 자극해 눈물을 흘리게 함으로써 웨이드를 부활시킨다. 여기서 중요한 점은 앰버가 웨이드를 있는 그대로, 또 자신과 다른 면까지 받아들임으로써 그를 구할 수 있었다는 사실이다. 앰버는 불사람이 아니라 물사람처럼 생각해야 했다.

이러한 상황을 영화의 클라이맥스까지 가서 넣을 필요는 없다. 〈온워드: 단 하루의 기적〉과 〈버즈 라이트이어〉는 둘 다 영화의 주제와 주인공의 성장을 액션 세트피스에 포함한다. 〈온워드: 단 하루의 기적〉에서 자신을 믿는 법을 배워야 하는 이안은 존재한다는 믿음이 있어야만 존재하는 다리를 만들어서 건너야 하고, 갇혀버린 방에서 탈출해야 한다. 또 자기중심적인 독불장군 버즈는 자신이 얕잡아 보는 오합지졸 초짜 팀과 함께 일해야 한다. 어느 순간 팀원들은 버즈에게 이렇게 말한다. "우릴 구하려고 하지 않아도 돼! 우리는 한 팀이잖아!" 함께 협력해야만 팀은 탈출할 수 있고, 오만하던 버즈는 이 진실을 힘들게 인정한다.

이러한 각 상황이 그 세계의 고유한 특징을 담고 있는지도 눈여겨볼 필요가 있다. 그런 상황들이 이야기의 세계, 캐릭터, 가치에서 얼마나 유기적으로 뻗어나가는지 눈여겨보자.

✎ 요약

- 주제는 보편적이고 추상적인 스토리의 일부다. 주제는 플롯의 한 부분이 아니다. 플롯이 말하고자 하는 이야기다.
- 주제는 이야기 속 세계에서 자연스럽게 드러나야 한다. 주제를 찾았다면 플롯과 등장인물, 장소, 대상물, 대화를 이용해 그 주제를 최대한 스토리 안에 녹여내라.
- 특히 주제를 반드시 플롯, 그중에서도 클라이맥스에 담아내라. 주인공의 승리나 실패가 이야기의 주제와 긴밀히 연결되도록 만들어라.
- 승리의 대상이나 내용뿐 아니라 승리의 과정, 그리고 어떤 결정이나 특징, 가치가 그러한 승리를 이끌어냈는지 보여줘야 한다.

✏ 적용: 〈인사이드 아웃〉

〈인사이드 아웃〉의 클라이맥스는 주제가 워낙 분명하게 드러나서 별다른 설명이 필요 없다. 슬픔(그리고 두려움, 분노, 혐오)을 느끼고 받아들이는 것은 우리의 행복에 중요하다. 감정들은 한 가지 색깔의 감정으로 우리 삶을 채우려고 하는 대신 사이좋게 협력해 우리 안의 여러 복잡한 감정을 느낄 수 있게 해준다. 이는 기쁨이 캐릭터의 변화와 라일리의 스토리로 표현된다. 즉 기쁨이는 슬픔이 주변에서 일하는 대신 슬픔이와 함께 일하는 법을 배우고, 감정 본부를 엄하게 다스리던 방식을 내려놓는다. 라일리는 자신의 감정을 감추려 하지도 부모님을 기쁘게 하려고도 애쓰지 않고, 대신 지금 자신의 솔직한 감정을 늦지 않게 표현함으로써 부모님과의 관계를 회복한다.

〈인사이드 아웃〉은 다양한 색깔로 이루어진 기억 구슬의 이미지를 통해 이러한 주제를 표현한다. 이 눈부신 색깔의 조합은 우리가 가진 감정의 풍부함을 온전히 받아들이는 것과 이러한 받아들임이 만드는 놀라운 내면세계를 상징한다. 또한 〈인사이드 아웃〉은 대화를 통해 주제를 드러낸다. 영화 초반에 라일리의 어머니는 라일리가 "밝게 지내줘서" 고맙다고 말한다. 하지만 영화의 클라이맥스에서 라일리는 혼자서 슬픔을 삼키며 행복해지려고 헛된 노력을 하는 대신 말한다. "두 분은 제가 행복하길 바라시겠지만……" 자신은 슬프다고 부모님에게 고백한다.

〈인사이드 아웃〉은 강렬하고 보편적이고 감동적인 주제를 선택하는 능력이 픽사의 중요한 강점임을 가장 잘 보여주는 사례이기도 하다. 〈니모를 찾아서〉와 〈메리다와 마법의 숲〉처럼 〈인사이드 아웃〉은 부모의 역할과 아이들에게 부모의 기대를 강요할 때의 위험에 대해 이야기한다. 〈토이 스토리〉 시리즈처럼 빙봉의 서브플롯은 의미 없는 존재가 되는 것과 유년기가 끝났음을 인정하는 것, 그리고 이미 지나간 일에 매달리는 일이 얼마나 위험한지 이야기한다. 유년기, 가족, 슬픔, 성숙, 죽음처럼 우리 삶의 핵심을 이루는 근본적이고 보편적인 주제들은 주류 대중문화에서 (사랑이나 범죄 같은 주제에 비해) 놀라울 정도로 적게 다뤄졌다. 픽사의 대담한 주제 선정, 그리고 마찬가지로 대담하고 현명한 주제의 탐구는 픽사가 독보적인 애니메이션 스튜디오로 자리매김하고 있는 이유 중하나다.

1. 여러분이 쓴 이야기의 주제는 무엇인가?

2. 이야기가 풀어내거나 탐구하는 추상적 질문이나 문제는 무엇인가?

3. 이러한 주제를 어떤 대상물, 대화, 등장인물을 통해 이야기 전체에 녹아들게 했는가?

4. 주인공이나 적대자의 승리 또는 패배를 이끈 가치는 무엇인가?

5. 왜 그들은 이기거나 지는가? 클라이맥스에서 그들의 결정이나 행동은 이야기의 전체 주제와 어떤 관련이 있는가?

시작하는 예술가들에게

"세상은 자주 새로운 재능과 발견에
불친절하다. 새로움에는 친구가
필요하다."

— 〈라따뚜이〉, 안톤 이고

에필로그는 스토리텔링에 대한 이야기라기보다는 창작자로 사는 여러분의 삶에 대한 이야기다. 픽사의 영화는 시작하는 예술가들의 교육에 정말 중요한 두 개의 교과서를 만들어냈다. 바로 〈라따뚜이〉와 〈몬스터 대학교〉다. 한 영화는 특별함, 또 한 영화는 특별함의 부재를 이야기한다. 큰 꿈을 품고 이 길에 들어선 똑똑한 예술가들은 둘 중 어느 이야기가 자신과 관련이 있는지 고민해봐야 한다.

이 책의 몇 장에 걸쳐 〈라따뚜이〉에 대해서는 자세히 이야기했으니 빠르게 요약해보겠다. 레미는 타고난 재능이 있다. 그 재능을 좇으면서 위험천만한 여행을 시작하게 되지만 동시에 엄청난 만족감을 느끼기도 한다. 요리사가 되려는 레미의 선택에 대해 쥐들의 반응은 제각각이다. 레미의 동생은 레미를 이해하지는 못하지만 레미를 응원한다. 레미의 아버지는 레미가 인간 세계로 달아나는 대신 가족이 살아오던 방식대로 살며 가족 곁에 머물기를 바란다. 하지만 레미는 떠난다. 연극배우가 뉴욕으로 향하고 시나리오 작가가 로스앤젤레스로 향하는 것처럼 레미는 자신의 재능을 펼칠 수 있는 최고의 도시로 떠난다. 바로 파리다. 그곳에서 레미는 자신이 먹이사슬의 가장 아래편에 있다는 사실을 깨닫는다. 어떤 인간도 레미를 조수로 써주지 않을 것이다. 누구도 레미 같은 쥐가 훌륭한 요리사가 되는 데 필요한 자질을 갖췄다고 믿지 않을 것이다. 하지만 레미는 자신의 우상이자 멘토인 구스토의 말에 용기를 얻어 꿈을 포기하지 않는다. 레미는 몇몇 인간과 친구가 되고 고급 레스토랑에 발을 들여놓는다. 이 선택은 더 많은 위험을 불러온다. 시기심 많은 상사가 레미를 방해하고 레미의 재능을 이용해 평범하고 따분한 냉동식품을 만들어 돈을 벌려고 한다. 그리고 무엇보다 레미는 비웃음을 살 위험에 처한다. 모든 평론가와 평론의 화신 같은 존재인 안톤 이고는 레미를 인정할까? 레미의 요리를 좋아할까? 레미를 도와줄까? 아니면 그전의 수많은 사람에게 그랬듯 레미를 무너뜨릴까? 레미는 결과가 어떻게 될지 모르지만 시도한다. 메뉴(라따뚜이)를 결정한 뒤 이고에게 요리를 내놓고 간절한 마음으로 그의 판결을 기다린다.

이 모든 이야기가 익숙하게 들리는가? 당연히 그럴 것이다. 시작하는 예술가들은 레미의 상황에 깊이 공감한다. 그것이 주제의 힘이다. 레미가 꼭 요리사가 되고 싶은 쥐일 필요는 없다. 향수를 만들고 싶은 스컹크이거나 스니커즈 디자인을 하고 싶은 뱀이었을 수도 있다(맞다. 내가 픽사의 시나리오를 쓰지 않는 분명한 이유가 있지만, 내 말의 요점은 이해했으리라). 플롯은 완전히 변할 수 있지만 주제는 변하지 않는다. 우리 중 누구도 쥐가 아니며 대부분 요리사를 꿈꾸지도 않지만 우리는 〈라따뚜이〉의 주제에 공감할 수 있다.

〈라따뚜이〉는 요리, 글쓰기, 영화 제작, 노래, 프로그래밍, 또는 뭐가 됐든 어떤 일을 사랑하는 우리에게 용기를 준다. 관습을 따르라는 강요든, 비협조적인 동료든, 폐쇄적인 업계든, 그리고 당연히 평론가든 어떤 형태의 역경에도 주저앉지 않게 해준다.

물론 〈라따뚜이〉는 해피 엔딩이다. 이고는 레미를 인정할 뿐 아니라 삶의 철학을 다시 고민한다. 이고는 이렇게 말한다. "누구나 위대한 예술가가 될 수는 없다. 하지만 위대한 예술가는 어디에서든 나올 수 있다."

레미는 분명 재능을 타고났지만, 모든 사람이 그렇지는 않다. 영화의 대미를 장식하는 이고의 말에서조차 누구나 위대한 예술가가 될 수는 없다고 하지 않는가. 〈몬스터 대학교〉는 정확히 그런 사람에게 초점을 맞춘다. 마이크 와조스키는 어릴 때부터 자신이 겁주기 몬스터가 되고 싶어 한다는 사실을 알았다. 마이크가 마침내 명문 대학교의 겁주기 학과에 들어갔을 때 그는 자신이 성공할 거란 사실을 의심치 않는다. 마이크는 누구보다 열심히 공부하고 다른 학생들을 돕는다. 마이크는 겁주기에 대해서라면 더 이상 배울 것이 없을 정도로 모든 것을 안다.

하지만 그럼에도 마이크는 겁주기 학과에서 퇴출당한다. 학장의 말에 따르면 마이크는 무섭지 않기 때문이다. 겁주기 학과에 복학할 기회를 얻기 위해 학교에서 열리는 겁주기 대회에 참가했을 때 마이크는 열등생 친구들을 이끌고 결승까지 간다.

하지만 마이크는 누구도, 심지어 친구들마저도 자신이 무섭다고 생각하지 않는다는 사실을 깨닫는다. 스스로 그리고 처음으로 자신의 천직에 대한 확신을 잃은 마이크는 마지막 테스트를 해보기로 한다. 그래서 마이크는 학교의 규칙을 어기며 목숨을 걸고 진실을 찾아 나선다.

마이크는 실제 인간 아이를 겁주려고 해보지만 실패한다. 그제야 마이크는 자신이 정말로 무섭지 않다는 사실을 깨닫는다. 학교에서 쫓겨난 뒤 마이크와 설리는 학교신문에서 몬스터 주식회사의 우편실 직원 구인 공고를 발견한다. 둘은 우편실에서 일자리를 얻고 이후 승승장구하여 〈몬스터 주식회사〉로 이어지게 된다. 마이크는 겁주기 몬스터가 되지는 않지만 유능한 코치, 최고의 코치가 된다. 우리는 마이크가 코치가 되는 과정을 지켜봤다. 그가 겁주기 학과에 다시 들어가려고 노력하는 동안 말이다. 마이크는 결코 겁주기 몬스터가 되지는 못할 것이다. 마이크는 그 꿈을 포기했다. 하지만 자신이 잘하는 일뿐 아니라 우정과 보람까지 찾았다.

맞다. 이런 일은 여러분에게도 생길 수 있다. 어쩌면 자신이 훌륭한 요리사, 작가, 영화감독, 가수, 프로그래머 같은 일을 할 운명이 아니라는 사실을 알게 될지도 모른다. 그래도 괜찮다(괜찮다는 의미를 가진 'OK'는 우연히도 마이크와 설리가 가입하는 동아리 '우즈마 카파Oozma Kappa'와 초성이 같은데, 이는 주제를 드러내는 또 한 가지 간접적인 방식이다).

〈몬스터 대학교〉는 꿈을 포기하는 것에 대해 두 가지 교훈을 알려준다. 첫째, 일단 우리가 할 수 있는 최선을 다해본 다음에 포기를 고려해야 한다는 것이다. 마이크는 하드스크래블 학장이 쫓아내기 전까지 결코 그만두지 않는다. 모든 친구가 자신을 실망시키기 전까지는 그만두지 않는다. 마이크는 자신이 무섭지 않다는 객관적이고 반박할 수 없는 증거를 찾았을 때, 자신의 실체를 받아들이는 것 외에는 다른 선택지가 없을 때 비로소 그만둔다.

〈몬스터 대학교〉가 우리에게 알려주는 두 번째 교훈은 꿈을 좇는 마이크의 노력이 헛되지 않았다는 사실이다. 마이크는 친구를 도우려고 할 뿐 아니라 꿈을 좇아가려고 노력한 덕분에 자신의 천직을 찾았다. 생각지도 못한 수확이다. 마이크는 결국 몬스트로폴리스 최고의 겁주기 몬스터 코치가 된다. 〈몬스터 대학교〉를 본 사람이라면 마이크가 훌륭한 코치라는 사실을 반박할 수 없다. 마이크가 자신의 꿈을 좇지 않았더라면 결코 코치로서의 재능을 발견하지 못했을 것이다.

이런 생각은 〈라따뚜이〉와 〈몬스터 대학교〉의 스토리 안에 깊숙이 자리 잡고 있다. 설정부터 등장인물, 대화, 플롯 구성까지 영화는 이러한 주제를 탐구하고 그 주제에 대한 의견을 표현하는 방식으로 구성된다. (그리고 당연히 재밌다!) 우리는 엄청난 장인정신과 창의성과 진심 외에, 이 두 영화의 핵심 주제에서도 교훈을 얻을 수 있다. 그 누구도 여러분이 꿈을 좇는 노력을 멈추게 만들지 말고, 꿈을 좇는 노력이 여러분이 잘하고 또 행복해하는 어떤 일을 찾는 것을 멈추게 만들지 말라는 것 말이다.

이 책은 여러 사람의 도움 없이는 끝내지 못했을 것이다. 원고 교정을 담당한 글레니 바텔스, 중요한 의견을 준 스튜어트 와인스톡, 예리한 시선으로 통찰력 있는 제안을 해준 아옐릿 다한, 신중하고 꼼꼼한 편집과 교정을 해준 댄 포스터, 책의 조판을 맡은 대니엘 포스터, 그리고 끝없는 지지를 보내주고 블룹 애니메이션의 지원으로 이 책의 멋진 집을 찾아준 모르 메로스에게 깊은 감사를 전한다.

이 책은 겸손한 태도로 감사해하는 픽사의 훌륭한 스토리텔러들 없이는 완성되지 못했을 것이다. 그들은 긴 세월 동안 우리에게 정말 큰 기쁨과 웃음, 슬픔, 통찰, 영감을 줬다.

무엇보다 책을 끝까지 읽어준 독자들에게 감사하다. 부디 이 책에 적힌 아이디어가 도움이 되었길, 그렇지 않았다면 스토리텔링에 대한 생각을 예리하게 다듬는 숫돌 역할이라도 했기를 바란다. 아무쪼록 이 책을 읽은 경험이 이야기든, 대본이든, 단편소설이든, 연극이든, 책이든, 시든, SNS든 계속해서 글을 쓰게 만드는 계기가 되었으면 한다. 그 노력의 결과물이 스스로 정한 목표에 가닿는 날까지 계속 써라. 얼마나 영광스러운 날이 되겠는가?

영화 목록

토이 스토리 Toy Story

존 래시터 연출, 81분, 1995

존 래시터 · 피트 닥터 · 앤드루 스탠턴 · 조 랜프트 원작
조스 웨던 · 앤드루 스탠턴 · 조엘 코언 · 알렉 소콜로우 각본

....

벅스 라이프 A Bug's Life

존 래시터 · 앤드루 스탠턴 연출, 95분, 1998

존 래시터 · 앤드루 스탠턴 · 조 랜프트 원작
앤드루 스탠턴 · 도널드 매키너리 · 밥 쇼 각본

....

토이 스토리 2 Toy Story 2

존 래시터 · 애시 브래넌 · 리 언크리치 연출, 92분, 1999

존 래시터 · 피트 닥터 · 애시 브래넌 · 앤드루 스탠턴 원작
앤드루 스탠턴 · 리타 흐시아오 · 더그 체임벌린 · 크리스 웹 각본

....

몬스터 주식회사 Monsters, Inc.

피트 닥터 · 데이비드 실버먼 · 리 언크리치 연출, 92분, 2001

피트 닥터 · 질 컬턴 · 제프 피전 · 랠프 에글스턴 원작
앤드루 스탠턴 · 대니얼 거슨 각본

....

니모를 찾아서 Finding Nemo

앤드루 스탠턴 · 리 언크리치 연출, 100분, 2003

앤드루 스탠턴 원작

앤드루 스탠턴 · 밥 피터슨 · 데이비드 레이놀즈 각본

....

인크레더블 The Incredibles

브래드 버드 연출, 115분, 2004

브래드 버드 각본

....

카 Cars

존 래시터 · 조 랜프트 연출, 117분, 2006

존 래시터 · 조 랜프트 · 저겐 클루비엔 원작

댄 포글먼 · 존 래시터 · 조 랜프트 · 키얼 머리 · 필 로린 · 저겐 클루비엔 각본

....

라따뚜이 Ratatouille

브래드 버드 · 잰 핑카바 연출, 111분, 2007

잰 핑카바 · 짐 카포비안코 · 브래드 버드 원작

브래드 버드 각본

....

월-E WALL·E

앤드루 스탠턴 연출, 98분, 2008

앤드루 스탠턴 · 피트 닥터 원작

앤드루 스탠턴 · 짐 리어든 각본

....

업 Up

피트 닥터 · 밥 피터슨 연출, 96분, 2009

피트 닥터 · 밥 피터슨 · 톰 매카시 원작

밥 피터슨 · 피트 닥터 각본

....

토이 스토리 3 Toy Story 3

리 언크리치 연출, 103분, 2010

존 래시터 · 앤드루 스탠턴 · 리 언크리치 원작
마이클 안트 각본

메리다와 마법의 숲 Brave

마크 앤드루스 · 브렌다 채프먼 · 스티브 퍼셀 연출, 93분, 2012

브렌다 채프먼 원작
마크 앤드루스 · 스티브 퍼셀 · 브렌다 채프먼 · 아이린 매치 각본

몬스터 대학교 Monsters University

댄 스캔런 연출, 104분, 2013

댄 스캔런 · 대니얼 거슨 · 로버트 L. 베어드 원작 및 각본

인사이드 아웃 Inside Out

피트 닥터 · 로니 델 카르멘 연출, 102분, 2015

피트 닥터 · 로니 델 카르멘 원작
피트 닥터 · 멕 러포브 · 조시 쿨리 각본

코코 Coco

리 언크리치 · 에이드리언 몰리나 연출, 105분, 2017

리 언크리치 · 제이슨 카츠 · 매튜 올드리치 · 에이드리언 몰리나 원작
에이드리언 몰리나 · 매튜 올드리치 각본

토이 스토리4 Toy Story 4

조시 쿨리 연출, 100분, 2019

존 래시터 · 앤드루 스탠턴 · 조시 쿨리 · 발레리 라푸앵트 · 라시다 존스 · 윌 매코맥 · 마틴
하인즈 · 스테파니 폴섬 원작
앤드루 스탠턴 · 스테파니 폴섬 각본

온워드: 단 하루의 기적 Onward

댄 스캔런 연출, 102분, 2020

댄 스캔런 · 키스 버닌 · 제이슨 헤들리 원작 및 각본

소울 Soul

피트 닥터 · 켐프 파워스 연출, 100분, 2020

피트 닥터 · 마이크 존스 · 켐프 파워스 원작 및 각본

루카 Luca

엔리코 카사로사 연출, 95분, 2021

엔리코 카사로사 · 제시 앤드루스 · 사이먼 스티븐슨 원작

제시 앤드루스 · 마이크 존스 각본

메이의 새빨간 비밀 Turning Red

도미 시 연출, 100분, 2022

도미 시 · 줄리아 초 · 세라 스트레이처 원작

줄리아 초 · 도미 시 각본

버즈 라이트이어 Lightyear

앵거스 매클레인 연출, 105분, 2022

앵거스 매클레인 · 매튜 올드리치 · 제이슨 헤들리 원작

제이슨 헤들리 · 앵거스 매클레인 각본

엘리멘탈 Elemental

피터 손 연출, 101분, 2023

피터 손 · 존 호버그 · 캣 리켈 · 브렌다 수에 원작

존 호버그 · 캣 리켈 · 브렌다 수에 각본